AF452785

INSTRUCTION
GENERALE
POUR LA TEINTURE
DES LAINES

ET MANVFACTVRES DE LAINE

de toutes couleurs, & pour la culture des
drogues ou ingrediens qu'on y employe.

A PARIS,

De l'Imprimerie de FRANÇOIS MUGUET, Imprimeur du Roy
& de Monseigneur l'Archevesque, ruë de la Harpe,
à l'Adoration des trois Rois.

M D C L X X I.

AVEC PERMISSION.

INSTRUCTION
GENERALE

POVR LA TEINTVRE DES LAINES,
& manufactures de laines de toutes cou-
leurs , & pour la culture des drogues ou
ingrediens qu'on y employe.

I les manufactures de foye , laine & fil , font celles qui fervent le plus à entretenir & faire valoir le Commerce ; la teinture qui leur don- ne cette belle varieté de couleurs qui les fait aymer & imiter ce qu'il y a de plus beau dans la nature , eft l'ame fans laquelle ce corps n'au- roit que bien peu de vie.

La laine & la foye qui montreroient plûtoft dans leur cou- leur naturelle la rufticité de l'âge , que l'efprit de l'homme & la politeffe du fiecle, n'auroient qu'un mediocre commerce , fi la teinture ne leur donnoit des agréemens qui les font recher- cher & defirer, mefme par les Nations les plus barbares.

Toutes les chofes vifibles fe diftinguent ou fe rendent defirables par la couleur ; & il ne faut pas feulement que les couleurs foient belles pour donner le cours au commerce des étofes, mais il faut encore qu'elles foient bonnes, afin que leur durée égale celle des marchandifes où elles s'appliquent, la nature nous en fait voir la difference, & nous doit fervir d'e- xemple ; car fi elle ne donne qu'une foible couleur aux fleurs qui paffent en peu de temps, elle n'en ufe pas de mefme à l'en- droit des herbes , des metaux & des pierres precieufes , où elle

A ij

donne la teinture plus forte & la couleur proportionnée à leur durée.

Nous avons en France abondance de paftel, voüede, garance, vermillon ou graine d'écarlatte, gaude & racine, fans parler de plufieurs autres drogues, dont le dénombrement, la culture, les apprefts & les avantages fe verront dans la douziéme partie de cette Inftruction; & ne nous manquant que la cochenille pour avoir les fix meilleures drogues colorantes de la teinture; ne fommes-nous pas aveugles & ennemis de noftre bien, de negliger les bonnes teintures, & de nous épuifer d'argent pour acheter des Eftrangers des drogues inutiles qui ne fervent que pour falfifier nos couleurs, & faire perdre le debit de nos étofes, rejettans comme des ingrats tous les bien-faits de la nature, qui nous a fi avantageufement partagez?

Ce fut pour ce fujet que fa Majefté par fa juftice & par fa prudence, auroit fait dreffer des Reglemens generaux pour la jurifdiction des differens, & pour la regle des manufactures & teintures, & iceux fait regiftrer en fa prefence en fa Cour de Parlement de Paris le 13. d'Aouft 1669. pour l'execution defquels elle a envoyé des Commis dans toutes les Provinces, dont le fuccés a fait voir une reforme tres-avantageufe dans toutes les Manufactures. Mais comme il eft impoffible de remedier tout à coup aux abus qui s'étoient introduits, particulierement dans la teinture par le malheur du temps, la malice ou l'ignorance des hommes, & qu'on ne pouvoit donner la derniere perfection avec le principe des chofes, le temps ayant découvert d'autres maux qu'il faut guerir, & des défauts qu'il faut reparer, fa Majefté voulant donner la derniere main à ce grand Ouvrage, a crû n'y pouvoir mieux parvenir qu'en faifant dreffer des Inftructions plus étenduës que lefdits Reglemens, & une fi generale pour la teinture qu'elle fut, non feulement capable d'inftruire les Teinturiers pour bien obferver lefdits Reglemens, & faire de bonnes & belles couleurs; mais encore les Juges de Police, les Commis, les Gardes & les Jurez pour en découvrir & corriger les abus.

Il y en a qui diront peut-eftre contre cette Inftruction, qu'elle eft trop exacte, & qu'elle découvre trop les fecrets de la teinture, dont les Eftrangers pourront profiter. Mais comme il eft impoffible d'inftruire autrement les François, & qu'on ne fçauroit eftre trop exact pour empefcher le mal & pour procurer le bien. Cette confideration femble n'eftre pas affez forte pour priver le public de cet Ouvrage, vû encore que quelque foin qu'on prit de cacher le fecret de la teinture, un feul qui le fçaura

ra

ra en pourroit priver ſa Patrie pour le rendre commun dans les pays Eſtrangers pour quelque leger profit. D'ailleurs, les Eſtrangers ne ſçauroient profiter de cette Inſtruction ſans donner un plus grand debit dans leur pays, aux ingrediens colorans qui croiſſent en France, le profit deſquels compenſeroit encore avantageuſement noſtre ſecret pour la teinture. Enfin on a vû que les Eſpagnols qui ont toûjours voulu cacher leur commerce dans les Indes, n'en ont jamais tant profité que les Hollandois qui les ont rendus publics par leurs écrits.

D'AUTRES diront encore qu'il faut laiſſer la liberté de la teinture, parce que la bonne teinture encheriſſant le prix des étofes, elle en pourroit empécher le debit ; mais on répond que cette cherté (dont l'argent reſteroit toûjours en France par l'employ de nos drogues) eſtant bien moindre que le profit qui en revient, ne ſçauroit eſtre ny conſiderable ny dommageable au public, puis qu'on ſçait qu'un drap de quinze ou vingt livres l'aune n'encherit ſa couleur eſtant garancé, que de quinze ou ſeize ſols l'aune ſur un autre qui ne le ſera pas, & qu'un meſme drap bien guédé n'encherit que d'autant ſur un autre qui ne l'aura point eſté du tout ; & cependant ſa valeur, la beauté de ſon uſage, la bonté de la couleur, & la durée de l'étofe en augmente de plus d'un tiers ; l'experience faiſant voir que les draps noirs d'Eſpagne par la ſeule excellence de leur teinture, ont toûjours eſté preferez aux draps d'Hollande & d'Angleterre, quoy que la laine en fut égale, & que la fabrique de ſes derniers ſoit incomparablement meilleure que de ceux d'Eſpagne, & à beaucoup meilleur marché.

ON ne ſçauroit porter un mois un pourpre, un colombin, un penſée, ny un violet fait avec le bois d'Inde ou le breſil ſans eſtre taché ou gaſté tout à fait ; & ces meſmes couleurs ſe faiſant cramoiſies couſtent veritablement davantage, mais elles reçoivent auſſi une couleur qui dure dans ſa beauté autant que l'étofe, & qui ſe trouvant ſallie de boüe ou de graiſſe ſe peut facilement laver & nettoyer, ſans crainte de la tacher, ny de luy faire perdre ſa couleur.

LE rouge de garance qui eſt une couleur qui ne manque jamais ſur l'étofe, eſt preſque à auſſi bon marché que celuy qui ſe fait avec le breſil, qui eſt une couleur fauſſe, outre que la garance eſt une drogue qui ſe recüeille en France, & le breſil eſt un bois qui vient des pays étrangers.

LA couleur de l'indigo qui fait une couleur fauſſe employée ſeule ſe trouve quelquefois à meilleur marché ; mais auſſi ſouvent plus chere que le paſtel, qui fait la meilleure couleur du monde,

& qui a fait autrefois les plus grandes richeſſes du Languedoc. Cette premiere drogue eſtant étrangere ne ſeroit-il pas juſte de luy preferer la ſeconde pour eſtre Françoiſe, quand nous n'aurions aucun égard pour ſa meilleure couleur?

Il y a ſi peu de difference du prix d'une bonne couleur à une couleur fauſſe ſur une étofe étroite, que le bon noir d'une ſerge de Rome ou de Châlons ne ſçauroit couſter plus de quatre ſols par aune davantage que le mauvais noir, & les razes de Chartres & étamines d'Amiens que deux ſols, & cependant on ſçait que ceux qui s'en font habiller ne voudroient pas qu'elles perdiſſent la couleur pour la valeur du tiers de l'étofe.

Pour les étofes de petit prix, on y a ſi bien pourveu par cette Inſtruction qu'elles peuvent avoir une couleur ſortable à leur qualité & à leur durée ſans qu'elles encheriſſent que fort peu, & la plûpart n'encheriront pas du tout, quoy que la couleur en ſoit meilleure, & les étofes plus vendables.

Que ſi la difference du prix d'une bonne teinture à une mauvaiſe eſt peu conſiderable ſur les étofes, elle l'eſt encore moins ſur les laines qui ſervent au mélange, tant parce que n'ayant pas beſoin d'aucune couleur éclatante, il n'y faut pas employer des drogues ſi cheres, ny en ſi grande quantité, que parce que dans le mélange des étofes il entre avec des laines teintes d'autres qui ne le ſont pas, & avec des couleurs qui ſont plus cheres pour eſtre meilleures, d'autres qui n'encheriſſent pas en recevant une bonne couleur.

Une aune de drap de dix, douze ou quinze livres l'aune peſe trois livres ou environ, & dans ces trois livres il n'y ſçauroit entrer que le tiers ou le quart de laine violet cramoiſy pour la plus forte couleur du mélange des draps, & quoy que le violet cramoiſy ſoit la plus chere couleur qu'on puiſſe employer dans le mélange, eſtant fait ſuivant le 48. article de cette Inſtruction avec un petit pied de garance, ou avec la cochenille ſilveſtre ou campeſſianne, il ne ſçauroit encherir le drap ſur un autre violet qui ſera de fauſſe couleur, que de cinq ou ſix ſols par aune, quoy que la bonté de ſon mélange en augmente la valeur de plus d'un tiers.

Que s'il y a quelques autres couleurs qui augmentent le prix des draps de mélange, à l'égal ou approchant du cramoiſy, il y en a pluſieurs qui ne le ſçauroient encherir de deux ſols par aune, outre que pour une couleur de mélange où il entrera un tiers de cramoiſy, ou de ſes autres couleurs que la bonne teinture rend plus chere, il y en aura trente où il n'en faudra pas un octave, un vingtiéme ou point du tout.

D A N S une étamine de Reims & de Châlons, qui doit avoir onze ou douze aunes de longueur, & qui pese ordinairement trois livres, il n'y sçauroit entrer que le tiers ou la moitié pour le plus de laine noire dans son mélange, qui estant guesdez comme un celeste ne sçauroit augmenter que de quatre ou cinq sols le prix sur une autre laine, qui n'auroit pas esté guesdée, ce qui ne reviendroit qu'à cinq deniers par aune sans parler de celles où il n'entre pas un sixiéme ou un octave de laine noire, qui diminuë d'autant, quoy que l'étamine augmente de plus d'un sixiéme au profit d'iceluy qui en fait l'usage, outre qu'un noir qui a esté guédé couvre plus, & abonde davantage que celuy qui ne l'a pas esté.

C E seroit estre peu entendu dans la teinture & la manufacture des étofes, de croire que le guesde qu'on donne aux laines les rudisse, les coupe & les empéche de peigner, puis qu'on sçait que cela n'arrive que par le defaut du noir, lors qu'il n'a pas esté donné bien à propos ou avec les drogues necessaires ; que si les laines ont esté guédées, il y entrera moins de couperose dans le noir, qui est la drogue qui durcit davantage, mais en donnant le guéde & le noir aux laines suivant cette Instruction on évitera tous ces inconveniens, & la petite cherté qu'on pourroit apprehender se rendra tres-avantageuse.

O N pourroit dire encore que les bonnes drogues sont plus difficiles à employer que les mauvaises, mais cette grande facilité ne venant en partie que du plaisir qu'on prend plûtost à faire le mal que le bien, & de l'application plus grande qu'on donne sur l'esperance de plus de profit à faire les fausses couleurs que les bonnes, il ne faut que prendre le mesme plaisir & donner la mesme application, & on reüssira aussi bien aux bonnes comme on fait aux mauvaises couleurs, & ceux qui n'y pourront pas parvenir par eux-mesmes, n'auront qu'à prendre en main cette Instruction qui leur en applanira les plus grandes difficultez, & leur fera connoistre des drogues que plusieurs ignorent estre propres pour la teinture.

O N peut aussi alleguer que plusieurs Provinces abondent en certaines herbes, racines & autres matieres propres pour la teinture, & ayans des commoditez & des façons qui ne sont pas aux autres Provinces, elles en seroient privées par l'uniformité qui se doit établir dans la teinture, de mesme que plusieurs Teinturiers perdroient le fruit des secrets qu'ils pourroient découvrir. Mais comme cette uniformité ne regarde que l'établissement du bien public, sa Majesté ne pretend pas de les en exclurre pour toûjours , mais feulement jufques à ce qu'on aura bien vû & examiné le tout fur les lieux , pour fçavoir fi elle eft plus utile que dommageable , auquel cas perfonne ne fera privé du fruit de fa découverte , ny les Provinces de l'employ des drogues qui feront bonnes , & de la façon de les employer qui leur fera plus avantageufe.

COMME le bien faire dans la teinture ne demeurera pas fans recompenfe , par l'honneur & le profit que les Teinturiers acquerront par leur travail , le mal ne fçauroit auffi demeurer fans châtiment , puis qu'on a fermé toutes les avenuës à la fa_ veur , aux foupleffes & aux adreffes fubtiles, dont les Marchands & les Teinturiers avoient accouftumé de fe fervir pour donner le debit à leurs fauffes teintures , les ordres ayant efté donnez dans tout le Royaume de vifiter & marquer toutes les marchan- difes au lieu de leur teinture , & encore dans les lieux de leur tranfport & de leur debit , avec peine de confifcation contre ceux qui les auront mal teintes , ou qui ne les auront pas fai- tes marquer , ou qui les auront mal marquées.

LES abus n'eftant pas moins frequens en la manufacture & en la teinture des chapeaux qu'aux étofes , en attendant qu'il ait plû au Roy d'y pourvoir par un Reglement general , pour fervir de loy & de regle à l'avenir à tous les Chapeliers dû Royau- me ; il a efté jugé neceffaire de faire mettre dans cette Inftru- ction la façon & les drogues pour faire un bon noir , afin que les Chapeliers qui ne le fçavent pas s'en inftruifent , & y pren- nent des lumieres pour fe perfectionner dans la teinture , & auf- fi que les Juges de Police , les Commis , les Gardes & Jurez en puiffent découvrir & corriger les abus qui en ont ruïné le com- merce dans le Royaume & dans les pays Eftrangers.

IL nous eft donc avantageux de faire de bonnes couleurs, puis que c'eft un bien public ; la reputation du commerce des Manu- factures de France , & que cette Inftruction nous en fournit les moyens , & que d'ailleurs noftre confcience mefme l'exige de nous, & veut que nous eftant engagez dans une profeffion, nous tâchions de nous y perfectionner le plus que nous pourrons , & re- cevions avec joye tous les moyens qui peuvent nous porter à fai- re le bien & nous garder du mal ; ce qui nous doit bien faire loüer la juftice, & la bonté de noftre Monarque , qui nous oblige par une heureufe neceffité à faire le bien par la crainte d'eftre pu- nis du mal , veu que cette crainte falutaire eft le principe & le commencement de la fageffe parmy les hommes.

CETTE

CETTE INSTRUCTION EST DIVISEE
en douze Parties, où il se verra,

 A N s la premiere en sept articles les cinq premieres couleurs simples de la teinture des laines, & la preparation qui est necessaire aux étofes, afin qu'elles reçoivent bien la couleur de l'ingredient colorant.

D A N s la seconde en vingt-quatre articles, qui sont depuis le huitiéme jusques au trente-deuxiéme article, la façon de bien employer les drogues de la teinture, & de faire en perfection les cinq premieres couleurs simples, & par consequent toutes les autres couleurs de la teinture des laines, qui dérivent ou sont toutes composées des cinq premieres couleurs simples.

D A N s la troisiéme en 13. articles, qui sont depuis le trente-deuxiéme jusques au quarante-cinquiéme article des nuances des couleurs, qui dérivent des cinq premieres couleurs simples.

D A N s la quatriéme en vingt-trois articles, qui sont depuis le quarante-cinquiéme jusques au soixante-septiéme article, les couleurs composées qui se font par l'adition d'une, ou de plusieurs couleurs simples sur une autre couleur simple.

D A N s la cinquiéme en vingt-trois articles, qui sont depuis le soixante-sept jusques au quatre-vingt-neuf article, la division de tout le Corps des Teinturiers en deux, en grand & en bon teint & en petit teint; avec les raisons de cette division, les couleurs & les étofes qu'il sera loisible à un chacun de teindre, l'apprentissage, le service chez les Maistres, & le chef-d'œuvre qu'un chacun doit estre obligé de faire.

D A N s la sixiéme en vingt-quatre articles, qui sont depuis le quatre-vingt-neuf jusques au cent treiziéme article, la maîtrise & la façon de teindre les laines servans aux tapisseries & canevas, les moyens de reduire la maistrise de Roüen, & autres semblables en grand & petit teint, avec la façon & la necessité des plombs ou marque & des rosettes, pour empescher le degradement des étofes, & la falsification des couleurs.

D A N s la septiéme partie en quatorze articles, qui sont depuis le cent treiziéme article jusques au cent vingt-septiéme article, les drogues qui se doivent employer, soit par le Teinturier du grand & bon teint, soit par les Teinturiers du petit teint, & celles qui leur doivent estre défenduës avec la necessité des livres bien tenus, & des visites chez les Teinturies, soit du grand ou du petit teint.

D A N s la huitiéme partie en trente-deux articles, qui sont depuis le cent vingt-septiéme article jufques au cent cinquante-neuviéme article, les raifons pour lefquelles il y a des drogues qui doivent eftre permifes, & d'autres qui doivent eftre défenduës, & encore d'autres qui doivent eftre permifes en certaines couleurs, & défenduës en d'autres, avec quelques autres raifons qui ferviront de réponfe aux memoires qu'on pourroit prefenter pour cela, & aux objections qu'on voudroit faire fur cette Inftruction.

D A N S la neuviéme partie en trente-fix articles, qui font depuis le cent-cinquante-neuviéme jufques au cent nonante-cinquiéme article, les drogues & la façon du bon noir, avec les pieds du guefde & garance neceffaire, fuivant la qualité & la durée des étofes; enfemble l'engalage & l'achevement des noirs.

D A N S la dixiéme partie en quarante-un articles, qui font depuis le cent nonante-onziéme jufques au deux cens trente-fixiéme article, le pied & la façon du noir pour les étofes qui feront changées de couleur, la façon & le noirs des étofes qui doivent eftre ramendées, & des laines fervans aux mélanges, avec les moyens pour rabaiffer le prix de leurs couleurs & celuy des petites étofes; enfemble la façon & les drogues neceffaires pour le déboüilly.

D A N S la onziéme partie en vingt articles, qui font depuis le deux cent trente-fixiéme jufques au deux cent cinquante-fix article de la teinture du fil & toiles, foit de chanvre, lin ou cotton, avec ce qui feroit encore neceffaire pour la perfection de la teinture de la foye; enfemble pour la fabrique & la bonne teinture des chapeaux.

D A N S la douziéme partie en foixante-trois articles, qui font depuis le deux cent cinquante-fixiéme jufques au trois cent dix-neuviéme article, l'avantage qui reviendra au public de l'employ, culture, & meilleur debit des bonnes drogues qui abonderont en France. Quelles font ces drogues? du paftel, du voüede, de la garance, de la gaude, de la racine, écorce de noyer, & coque de noix, du vermillon ou graine d'écarlatte, du pouffet ou paftel d'écarlatte, de l'ancienne poulpre, de la farrette & geneftrolle, du rodoul, & du fovic, du tartre, gravelle, verdet, cendre cuite ou potaffe, & cendre gravelée, des fels mineraux fervans à la teinture de l'alun de France, de la couperofe, de la caffenolle, de l'écorce d'aune, du fuftel, du trentanel, de la malherbe, de la guaroüille & de l'orfeille, avec la conclufion de cette Inftruction, & le fruit que le public en pourra recevoir annuellement.

E T finalement une table ou abregé des articles contenus dans cette Inftruction.

PREMIERE PARTIE.

I.

N fait dans la teinture cinq fortes de couleurs fim-
ples, matrices ou premieres dont toutes les autres dé-
rivent ou font compofées.

II.

Ces couleurs font le bleu, le rouge, le jaune, le fauve &
le noir.

III.

Les étofes qu'on veut teindre en rouge & en jaune doivent
plûtoft eftre boüillies avec l'alun, & le tartre & autres ingrediens
non colorans en la maniere qui fera dite cy-aprés.

IV.

Celles qu'on veut teindre en noir doivent eftre boüillies
avec la galle & fumac, & au defaut du fumac avec du rodoul ou
fovic eftant bien engallées, elles ont une couleur entre fauve
& gris, & fera obfervé que fauve & couleur de racine n'eft qu'u-
ne mefme chofe.

V.

Mais les étofes qu'on teint en bleu ou en fauve, fe font de
blanc en bleu ou en fauve, fans autre preparation que celles
qu'elles reçoivent du Foulon.

VI.

Les étofes de meilleure laine, & celles qui font plus blan-
ches & plus nettes font celles qui reçoivent une plus belle &
meilleure couleur.

VII.

Les étofes qui ont efté blanchies avec du fouphre ou avec
de la cerufe doivent eftre bien dégorgées & purgées de la mauvaife qualité de ces deux ingrediens, qui empéchent la penetration
& la beauté de la teinture, & en rendent mal unies les couleurs.

SECONDE PARTIE.

LA FAÇON DE BIEN EMPLOYER LES drogues de la teinture, & de faire en perfection les cinq premieres couleurs, & par consequent toutes les autres, qui dérivent ou sont toutes composées de ces cinq premieres couleurs simples.

VIII.

Le bleu se fait avec pastel, voüede & indigo meslez ensemble.

Six livres d'indigo sur chaque balle de pastel.

LE bleu se fait avec le pastel qui croist dans le haut Languedoc, qui est la meilleure & la plus necessaire drogue de la teinture, avec le voüede qui est une espece de pastel, mais moindre en qualité, force & substance qui croist en Normandie, & avec l'indigo qui vient des Indes, & dont la couleur qui n'est pas des meilleures employée seule, se peut assurer si on n'en mesle pas au delà de six livres sur chaque grosse balle de pastel, & si on ne l'employe qu'apres estre apprestée dans la bonne cuve & dans les deux premiers rechaux.

IX.

Indigo doit estre appresté.

Indigo seule fausse teinture.

IL faut laisser aux Teinturiers la liberté de mettre les six livres d'indigo sur chaque balle de pastel dans la bonne cuve, ou d'en reserver une partie pour le premier ou pour tous les deux rechaux, afin qu'ils puissent faire plus commodement leurs petites couleurs; mais il leur faut défendre étroitement d'employer de l'indigo sans estre apprestée avec la cendre gravelée, ny autrement qu'avec le pastel, & d'en mettre plus de six livres sur chaque balle, ny de rechauffer plus de deux fois, parce que faisant autrement on feroit une fausse teinture; la substance necessaire du pastel pour corriger le défaut de l'indigo ne s'y trouvant plus pour avoir esté épuisée dans le travail de la bonne cuve, ou des deux premiers rechaux.

X.

IL est à noter que le voüede ayant fort peu de substance employé seul, ne sçauroit corriger le défaut de l'indigo si on ne luy aydoit par la force & la bonté du pastel, specialement dans les rechaux où il ne luy reste plus de substance qui s'est épuisée dans

la

la bonne cuve, l'indigo ne devant pas eftre employée à proportion du voüede, mais fuivant la quantité du paftel qu'on aura
mis dans la bonne cuve, fi on defire d'en tirer un bon bleu
pour en faire enfuite un bon noir.

X I.

Que fi on eftoit obligé d'employer du voüede fans paftel, *Vne livre*
il faut mettre fi peu d'indigo dans la cuve, que le voüede en *d'indigo*
puiffe furmonter le plus grand défaut, une livre d'indigo eftant *fur cha-*
que cent
fuffifante pour cent pefant de voüede, mais il faut mettre l'indi- *pefant de*
go avec le voüede dans la bonne cuve, & empefcher qu'on ne *voüede.*
la rechauffe pas pour les raifons fufdites, à quoy il eft bien important de tenir la main.

X I I.

Les Teinturiers pour augmenter la couleur du bleu, fe fer- *Bois d'in-*
vent du bois d'inde, brefil ou orfeille, ce qui rend la couleur *de, brefil*
fauffe & de mauvais ufage ; cette falfification ne fe fçauroit *& orfeille*
falfifient
mieux empefcher qu'en défendant étroitement aux Teinturiers *le bleu.*
du grand & bon teint, d'avoir ny tenir dans leurs maifons def-
dits ingrediens faux, ny d'en employer en aucune couleur pour
le bon teint.

XIII.

La couleur du bleu fe peut rendre plus vive en paffant l'é- *Moyens*
tofe apres eftre teinte, & bien lavée fur de l'eau tiede ou avec *pour ren-*
dre le bleu
un peu d'alun, mais beaucoup mieux pour l'étofe & pour la cou- *plus vif*
leur, en la faifant bien fouler avec du favon fondu, & bien dé- *& plus*
gorger enfuite dudit favon. Le turquin & les nuances plus hau- *foncé.*
tes des bleus fe peuvent encore aviver & augmenter fans inconvenient en les paffant fur un boüillon, & enfuite fur un coche-
nillage, mais non pas les bleus celeftes ny les autres bleus de
nuances plus baffes, qui ne feroient que grifer & perdre l'éclat
du bleu.

X I V.

Le fom & les eaux fures eftant bonnes pour ébroüer, deffe-
cher & dégraiffer les bleus qu'on veut faire paffer à une autre
couleur, ne fçauroient fervir pour l'avivage des bleus qui ont eu
leur derniere main, tant à caufe que le fom qui deffeche trop,
& qui refteroit dans le poil de l'étofe la rendroit tâchetée comme lepre, & l'empefcheroit de fe bien tondre & frifer, que parce que la farine des eaux fures laiffant une forte d'empois fur l'é-
tofe, l'empefcheroit d'eftre auffi douce & maniable qu'elle pourroit eftre.

D

XV.

Sept sor-
tes de bons
rouges.

Il y a sept sortes de bons rouges, qui font quatre sortes de nuances differentes dans la composition des autres couleurs, le premier se nomme écarlatte rouge de France ou des Gobelins, le second rouge cramoisy, le troisiéme rouge de garance, le quatriéme demy graine, le cinquiéme demy cramoisy, le sixié-me rouge ou nacarat de bourre, & le septiéme écarlatte de co-chenille ou façon de Hollande, ces sept sortes de bons rouges se pourroient reduire à trois suivant les trois principales drogues qui leur donnent la couleur, & qui sont le vermillon, la coche-nille & la garance; mais cette sorte de division n'estant ny si pro-pre pour les nuances, ny pour la composition des couleurs, on s'est plûtost servy de celles de sept.

XVI.

Escar-
latte de
France.

L'ecarlatte rouge aprés avoir esté ébroüée avec des eaux sures & boüillies avec d'autres eaux sures & alun, peu de gravelle & arsenic se fait rouge avec de l'agaric, eaux sures, pa-stel & graine d'écarlatte, autrement dite vermillon, ou dalquer-mez, dont la meilleure sorte vient du Languedoc, quelques Tein-turiers y ajoûtent aussi de la cochenille, d'autres du fenu-grec, apres elle s'éclaircit avec eaux sures, agaric, tartre & teramerita; les écarlattes qu'on veut plus enfoncées, sans qu'elles tirent sur le nacarat ne doivent point estre éclaircies.

XVII.

Rouge
cramoisy.

Le rouge cramoisy aprés avoir esté boüilly avec eaux sures, alun & gravelle se fait rouge avec eaux sures, tartre, & avec de la cochenille, mesteque ou tescalle, qui vient des Indes, & qui est la plus chere drogue de la teinture.

XVIII.

Rouge de
garance.

Les rouges de garance aprés avoir esté boüillis avec alun, gravelle, som & eaux sures, se fait rouge avec la plus belle garance, qui vient de Flandre, & qui se peut cultiver en plusieurs endroits de la France, où elle vient naturellement; quelques-uns se ser-vent du realga ou de l'arsenic dans le boüillon, & d'autres du sel commun ou d'autre sel avec de la farine de bled dans le garansa-ge, ou bien de l'agaric ou de l'esprit de vin avec de la galle ou teramerita.

XIX.

Demy
graine.

Les demy graines aprés avoir esté boüillies comme une écar-latte se font rouges avec agaric, eaux sures, moitié graine d'écar-latte & moitié garance, quelques-uns y ajoûtent le teramerita, ou les éclaircissent en suite de mesme que les écarlates.

XX.

L E s demy cramoifis aprés avoir efté boüillis comme un rou-ge cramoify ou de garance fe font rouges avec la moitié de ga-rance & la moitié de cochenille.

XXI.

L E rouge ou nacarat de bourre fe fait avec le bain de la bour-re fonduë, qui a efté ébroüée auparavant fur un boüillon avec de la gravelle, puis boüillie avec eaux fures, alun & gravelle, & en fuite garancée avec garance mediocre, & aprés fonduë avec la lef-five de cendre gravelée, éclaircie & corrigée avec urine, & autres petits ingrediens non colorans, pour eftre en fuite employée com-me une effence, qui a efté tirée de la couleur de la garance, mais il faut que les étofes foient jaunes, avant de les pouvoir faire naca-rat avec la bourre.

XXII.

L E rouge écarlatte ou nacarat, façon d'Hollande fe boult avec alun, tartre, fel, geme, eau forte & farine de pois dans une chaudiere d'étain ou autrement avec eau forte, où l'étain a efté diffous, fe cochenille ou fe fait rouge en fuite avec amidon, tartre, eau forte & cochenille mefteque ou tefcalle dans la mefme chau-diere; mais la façon de les cocheniller doit eftre differente, fi la façon de les boüillir l'a efté, cette couleur quoy que des plus écla-tantes, fe rofe & fe tache facilement avec la boüe, l'eau croupie, la leffive & autres accidens, à quoy l'on doit d'autant plus pren-dre garde qu'il n'y a point d'autre remede que de la repaffer dans la teinture.

XXIII.

O U T R E ces fortes de rouges qui font bons, & qui doivent eftre permis, il s'en fait encore une autre forte avec le bois de bre-fil, qui pour faire une couleur fauffe doit eftre défendu, tant parce que l'air, le foleil, la boüe & la moindre liqueur acre, falle ou fal-lée l'emporte ou le tache, que parce que c'eft une drogue étran-gere, qui tire beaucoup d'argent de la France, & que toutes les nuances qui fe font ou qui fe compofent de cette couleur, fe peu-vent faire bonnes, & imiter facilement avec les bons rouges, & avec les bons ingrediens, qui fervent à leur donner, & à leur faire recevoir la couleur rouge.

XXIV.

L E s plus beaux jaunes aprés avoir efté boüillis avec alun feul, ou avec alun & gravelle, fe colorent avec la gaude, qui croift en plufieurs Provinces de France, le concomme ou teramerita, qui vient des Indes, fait auffi une forte de jaune, qui pour eftre beau n'eſt pas des meilleurs , mais qui ſert pourtant à faire jaunir, & éclaircir les couleurs où il s'employe avec le vermillon, cochenille & garance ; le bois jaune qui vient des Indes fait auſſi un jaune tirant ſur la couleur d'or.

XXV.

I L ſe fait encore une troiſiéme ſorte de jaune avec la ſarrette & geneſtrolle , qui pour eſtre moins beau que celuy qui ſe fait avec la gaude ne peut ſervir que pour les verts, feüilles mortes, & autres couleurs compoſées où ils ſont des plus propres ; il peut auſſi ſervir pour les jaunes des couvertures , des laines les plus groſ-ſieres , & des étofes qui n'excederont pas le prix de vingt ſols l'au-ne dans les Provinces, où il ne ſe recueille pas de la gaude.

XXVI.

L E fauve couleur de racine ou de noiſette ſe fait avec la raci-ne , écorce & feüille de noyer ou coque de noix , qui rendent une bonne couleur, le fauve ſe pourroit encore faire de bonne couleur avec la ſuye de cheminée , mais cette drogue ſentant mauvais, & les noyers eſtant communs par toute la France, on ne doit ſe ſervir de la ſuye que pour les étofes, feüilles mortes, poil de bœufs & au-tres couleurs de cette nuance où elle eſt plus propre , & fait la cou-leur plus belle que la racine ; on ſe peut ſervir encore de la ſuye pour les couleurs de vert d'olive.

XXVII.

L A garoüille faiſant une couleur entre fauve & gris , qui donne un bel œil aux laines de mélange , & ſon défaut ſe pur-geant dans le foulon , peut eſtre permis pour les laines de mé-lange gris de rat , & non pour les étofes ny autres couleurs que la nuance de gris de rat.

XXVIII.

I L y a encore le trentanel , la malherbe , le fuſtel , & quel-ques autres ingrediens qui font une couleur entre jaune & fau-ve , on y meſle de la ſuye pour faire l'entiere couleur de fauve ; mais cette couleur & les autres qui s'en compoſent ſe faiſant plus belles & plus aſſurées avec la gaude & racine de noyer, & ſes deux premieres ſentant fort mal , & nuiſant à la veüe de ceux qui l'employent , il eſt bon de n'en permettre pas l'em-ploy generalement.

XXIX.

L E noir s'engalle avec de la galle d'Alep ou d'Alexandrie, dite galle à l'épine , & avec du ſumac, & dans les lieux où il n'y a point de ſumac avec du rodoul ou fovic , qui ſont des dro-gues qui croiſſent en pluſieurs Provinces de France, & qui équiva-

lent

lent le fumac, puis fe noircit ou fait noir avec de la couperofe & avec du bois d'inde, qui pour faire une couleur fauffe employé feul, ne laiffe pas de s'affurer & eftre bon avec la galle & cou- perofe qu'il rend auffi plus tenante fur l'étofe qui en refte, plus noire, plus luftrée, plus douce, & de meilleure ufage que fi la galle & couperofe y avoient efté employées fans bois d'inde; mais il n'en faut pas mettre exceffivement, ny pour épargner le pa- ftel, la garence, la galle ny la couperofe, le bois d'inde devant eftre ajoûté au noir fans diminution du refte. Que fi on veut rendre le poil de la laine fine & mediocre plus doux, plus flexi- ble & plus liable fous les doigts de la filleufe, & dans le fou- lon, il faut augmenter le bois d'inde & diminuer de la coupe- rofe à proportion dans le noir des laines ; on fe peut auffi fervir du bois jaune ou d'un peu de verdet dans le noir.

perofe, bois d'In- de, bois jaune & verdet.

XXX.

Il fe fait encore une autre forte de noir avec l'écorce d'au- ne, & avec la moullée qu'on prend des Emoulleurs, Couftelliers & Taillandiers ; mais comme cela feul ne fait pas un bon noir, & rudit, durcit, & dégrade les étofes & les laines ; cette forte de noir de mefme que celuy auquel on ajoûte de la limaille de fer ou de cuivre, doit eftre abfolument défendu pour toutes for- tes de laines & marchandifes.

Moullée, limaille de fer ou de cuivre abfolumēt défenduës dans le noir, & toutes au- tres cou- leurs de laines ou étofes.

XXXI.

Outre ces cinq fortes de couleurs fimples, il y a celle de l'orfeille qui fait une nuance depuis le fleur de pefché, filvie & gris de lin jufques au paffe-velours & amarante, & le bois d'in- de qui fait fur les étofes boüillies avec alun & tartre une autre nuance, depuis le gris violant jufques au violet plus obfcur : mais comme ces deux fortes de nuances faites de cette façon avec ces deux fortes de drogues, font des couleurs fauffes qui fe peuvent faire bonnes, & imiter celles du bois d'inde facilement, & cel- le de l'orfeille avec un peu de difficulté pour les premieres cou- leurs de fa nuance : il eft neceffaire de défendre celle du bois d'inde pour toute cette nuance de couleur, & de permettre cel- le de l'orfeille feulement pour les petites étofes, qui n'excede- ront pas le prix de vingt fols l'aune.

Bois d'in- de fur les étofes boüillies défendu. Et l'or- feille per- mife pour certaines couleurs des étofes de bas prix.

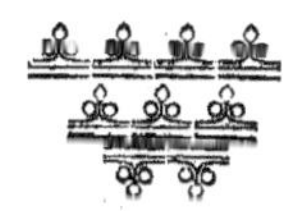

TROISIÉME PARTIE.

NUANCES DES COULEURS QUI dérivent des cinq premieres couleurs simples ou matrices.

XXXII.

Nuances des couleurs. CEs cinq couleurs simples ou premieres composent chacune ou plusieurs nuances de couleurs, qui commence à la plus basse & se termine à la plus haute.

XXXIII.

Nuance du bleu. LEs couleurs de la nuance du bleu sont le bleu-blanc, bleu-naissant, bleu-passe, bleu-mourant, bleu-mignon, bleu-celeste, bleu-reyne, bleu-turquin, bleu-de-roy, fleur de guesde, bleu-pers, aldeguo, & bleu d'enfer.

XXXIV.

Des sept sortes de rouges, il ne se tire que quatre sortes de nuances. DEs sept sortes de bons rouges il n'y en a que quatre, qui sont le rouge de garance, le rouge cramoisy, le rouge de bourre & le rouge ou écarlatte façon d'Hollande, desquels on tire des nuances de leurs couleurs, le rouge de garance en ayant mesme fort peu ; mais on ne tire pas des nuances des couleurs d'écarlatte de France, demy graine, ny demy cramoisy, quoy qu'il se compose beaucoup de couleurs du demy cramoisy.

XXXV.

Nuance de rouge de garance. LA nuance du rouge de garance est la couleur de chair, peau d'oignon avec un petit rabat dans la cuve fiamette, & isabelle de garance couleur de tuille & incarnat de garance, ginjolin & rouge de garance, la couleur de chair, peau d'oignon & fiamette se peuvent aussi faire avec la cochenille, mais l'isabelle & couleur de tuille se font beaucoup mieux estant passez sur un boüillon de nacarat d'Hollande avec la garance.

XXXVI.

Nuance du rouge cramoisy. LA nuance du rouge cramoisy, est fleur de pommier, couleur de chair, fleur de pesché, couleur de rose, incarnadin, incarnat rose, incarnat, & rouge cramoisy.

XXXVII.

Nuance du rouge de bourre. LA nuance de la bourre est la mesme que celle du rouge cramoisy, mais les couleurs s'en rendent, ou plus rosées ou plus vives, suivant que la fonte a esté bien ou mal gouvernée, ou que les étofes ont demeuré avec l'alun ; on ne se doit pas servir de la nuance des incarnadins de bourre dans les étofes de prix, parce que sa couleur n'en eſt pas ſi bonne, que celle de la cochenille, mais bien pour les étofes qui n'excederont pas vingt ſols l'aune.

XXXVIII.

La nuance du rouge ou écarlatte d'Hollande eſt outre la couleur de chair fiamette, fleur de peſché, couleur de roſe, incarnadin, & incarnat, qu'elle a commune avec les rouges cramoiſis, & rouges de bourre, en ajoûtant de l'alun à ſon boüillon ; elle a encore la couleur de ceriſe, nacarat, ponceau, couleur de feu, & écarlatte d'Hollande, qui ſe peuvent auſſi faire avec la bourre, mais en donnant plûtoſt la couleur du jaune à l'étofe.

Nuance de rouge ou écarlatte, façon d'Hollande.

XXXIX.

La nuance du rouge de breſil qui eſt fauſſe couleur s'imite, & ſe fait bonne avec la garance, la cochenille & la bourre, qui fait qu'on ne parle pas de cette nuance comme eſtant défenduë.

Nuance du rouge de breſil défenduë.

XL.

Il faut laiſſer la liberté aux Teinturiers, de profiter du reſte des boüillons & des bains des bonnes couleurs, & de s'en ſervir pour les couleurs, où ils les jugeront neceſſaires, ſuivant leur ſçavoir & induſtrie.

XLI.

Les couleurs de la nuance du jaune ſont le jaune naiſſant, le jaune citron, le jaune paſle, le jaune paillé, le jaune, & le jaune doré.

Nuance du jaune.

XLII.

Il ne ſe tire pas de nuance de la couleur fauve, qui ſe nomme auſſi couleur de noiſette ou de racine, quoy que cette couleur ſimple entre dans la compoſition de pluſieurs couleurs doubles ou compoſées.

Le fauve n'a pas de nuance.

XLIII.

Le gris eſt la nuance du noir depuis la plus baſſe couleur, qui eſt le gris blanc juſques à la plus haute, qui eſt le gris noir ; que ſi le noir ne ſe faiſoit qu'avec la galle & couperoſe, il ne ſeroit pas ſi bon, & il ne ſe pourroit tirer que fort peu de gris de cette nuance, mais y ajoûtant le bois d'inde pour les gris des étofes, qui n'excederont pas le prix de vingt ſols l'aune, & des étofes ſervant à doubler, qui n'excederont pas trente ſols l'aune, il s'en peut tirer le gris blanc, gris de perle, gris de plomb, gris lavandé, gris caſtor, gris de ramier, couleur d'ardoiſe, gris de morou, gris brun, ſurbrun, & gris noir, quelques-unes de ſes couleurs de gris ont beſoin d'un petit œil d'orſeille ou du rabat ſur la gaude ; mais aux étofes qui excederont le prix de vingt ſols l'aune, & celles ſervant à doubler trente ſols l'aune, il ſe faut ſervir au lieu de bois d'inde du

Le gris eſt la nuance du noir.

paſtel, cochenille ou garancé pour les rendre bonnes & aſſeurées.

XLIV.

Il eſt à noter qu'aux couleurs où il ſe peut employer de la galle & couperoſe, il s'y peut auſſi employer du ſumac, rodoul ou fovic ſuivant la couleur qu'on voudra faire, & l'induſtrie & la commodité des Teinturiers.

QVATRIEME PARTIE.

COULEURS COMPOSEES QVI SE font par l'addition d'une ou pluſieurs couleurs ſimples, ſur une autre couleur ſimple.

XLV.

Couleur compoſée, que c'eſt. Toutes les nuances des couleurs compoſées ſe font par l'addition d'une ou pluſieurs couleurs ſimples ſur une autre couleur ſimple, mais elles diverſifient de couleur, ſuivant la diverſité des drogues qui ſont entrées dans la compoſition des couleurs ſimples dont elles ſont compoſées.

XLVI.

Bleu & rouge écarlatte de France. De la nuance du bleu & de celle du rouge écarlatte de France, ſe compoſe la couleur de Roy, couleur de Prince & amarante lors que la couleur a eſté éclaircie, avec teramerita, comme la penſée & le violet lors qu'elle n'a pas eſté éclaircie; mais on ſe ſert rarement de cette nuance à cauſe de la cherté de la couleur, ces couleurs ſe faiſant plus commodement & à meilleur marché avec la garance & cochenille, qu'avec la graine d'écarlatte.

XLVII.

Bleu & rouge cramoiſy. De la nuance du bleu & de celle du rouge cramoiſy ſe compoſent le colombin, le poulpre, l'amarante cramoiſy, la penſée & le violet cramoiſy, de la meſme nuance les étofes eſtant moins boüillies dans l'alun & le tartre, ſe compoſent auſſi le gris argenté, gris de lin, fleur de lin, gris violant & gris vineux, il ſe compoſe auſſi des couleurs de ces deux nuances; toutes les ſortes des gris cramoiſys & autres couleurs cramoiſyes où il entre du fauve comme gris lavandé, gris de ſauge, gris de ramier, gris plombé, couleur d'ardoiſe, pain bis & triſtamie, on nomme cramoiſies les couleurs qui ſe font avec la cochenille.

XLVIII.

Tous les gris cramoiſis & autres couleurs cramoiſies où il

entre

entre du fauve, se peuvent faire avec la cochenille campessianne ou silvestre, de mesme que le colombin, le poulpre, l'amaran-te, la pensée & le violet cramoisy des étofes, qui n'excederont pas le prix de vingt sols l'aune, & encore toutes les laines de ces sortes de couleurs qui sont employées aux meslanges des étofes de prix, pour en diminuer tout autant qu'il se pourra le prix de la couleur sans en alterer la bonté ; on se pourra mesme servir d'un petit pied de garance dans le boüillon pour les couleurs qui le pourront souffrir.

Cochenille campes-sianne & silvestre.

XLIX.

D E la nuance du bleu & de celle du rouge de garance se com-posent la couleur de Roy, couleur de Prince & minime ; il s'en compose encore le tané, l'amarante, la rose-seche ; mais beau-coup mieux ces trois dernieres couleurs avec le demy cramoisy, le minime a souvent besoin de rabat ou de bruniture, il s'en com-pose aussi tous les gris de garance qui s'achevent avec la racine comme gris lavandé, gris de ramier, gris de morou, gris-brun, sur-brun, & autres gris de cette nuance : ensemble le pain bis tristamie couleur d'alyse, gris de Breda & autres sortes de cou-leurs qui se composent, du bleu, du rouge de garance, & du fauve.

Bleu & rouge de garance.

L.

D E la nuance du bleu & de la nuance de la demy graine se compose aussi le passe-velours, l'amarante, le tané, la rose-se-che, mais on ne se sert point des couleurs de cette nuance, à cause de la cherté de la graine d'écarlatte qui entre dans la com-position de l'une de ces couleurs.

Bleu & demy graine.

L I.

D E la nuance du bleu & de celle du demy rouge cramoisy se com-posent l'amarante, le tané, le rose-seche, la pensée, & le passe-velours, en mettant moins de garance que de cochenille à ces deux dernieres couleurs qu'aux premieres, parce que la couleur de pensée & le passe-velours veulent estre plus rosées que les au-tres ; de cette mesme nuance il s'en peut encore composer le gris-brun & sur-brun.

Bleu & demy cra-moisy.

L I I.

L A nuance du bleu & celle du rouge de bourre composent les mesmes couleurs que celles du rouge cramoisy, mais il faut défendre de s'en servir autrement qu'aux couleurs de colombin, poulpre, pensée, violet, gris argenté, gris de lin, fleur de lin, gris violant & violet des étofes qui n'excederont pas le prix de vingt sols l'aune, si les couleurs rosent trop, on y peut ajoûter de l'alun, ou un petit pied de garance.

Bleu & rouge de bourre.

F

L I I I.

Bleu &
écarlatte,
façon
d'Hol-
lande.

I L ne se compose point de nuance de la couleur du bleu, & de celle de l'écarlatte façon d'Hollande, tant à cause de la cherté de la couleur que parce que cette nuance se fait plus facilement avec le rouge de garance & le rouge cramoisy.

L I V.

I L y a plusieurs couleurs composées, qui se font de diverses nuances de couleurs simples, mais elles se font plus belles, meilleures plus commodément, & à meilleur marché avec une drogue, qu'avec une autre, suivant que l'art & l'industrie du Teinturier les sçait mieux disposer & s'en servir.

L V.

Bleu &
me vert

D E la nuance du bleu, & de celle du jaune se compose le vert jaune, vert naissant, vert guay, vert d'herbe, vert de laurier, vert molequin, vert brun & vert obscur, il s'en fait encore le vert-de-mer, vert celadon, vert de perroquet & vert de choux, mais ces dernieres couleurs veulent estre moins boüillies que les premieres, le vert celadon, & les couleurs de souphre se peuvent encore faire avec le verdet ou vert de gris, qui est une drogue, qui se compose en France avec le cuivre & la grappe ou marc de raisin, le meilleur se fait à Montpellier dans le Languedoc.

L V I.

Bleu &
fauve.

I L ne se compose pas de couleurs de la nuance du bleu avec celle du fauve seul, mais il s'en compose plusieurs du bleu & du fauve avec le rouge de la cochenille & de la garance.

L V I I.

Bleu &
gris.

I L ne se compose pas aussi de couleurs de la nuance du bleu, & de celle du gris, que par l'addition de quelque autre couleur de fauve ou de rouge.

L V I I I.

Rouge &
jaune.

O N ne se sert point du rouge écarlatte de France, & du jaune pour composer le jaune d'or, aurore couleur de soucy, orange nacarat, fleur de grenade, ponceau & couleur de feu, cette nuance se faisant plus commodément, & à meilleur marché avec le jaune & le rouge de garance, ou avec celuy de bourre ; mais comme les couleurs qui se font avec la bourre demandent le jaune, qui se teint avec la gaude, les couleurs de jaune d'or, aurore couleur de soucy, & orange de garance veulent le jaune de gaude avec un peu de teramerita dans le garançage, comme le nacarat de garance veut le teramerita seul, les isabelles & couleurs de chamois se font aussi avec peu de gaude de garance ou de bourre.

LIX.

Il ne se compose pas aussi des couleurs de la nuance du rouge cramoisy ou de cochenille, de celuy de la demy-graine, ny de celuy du demy cramoisy avec la nuance du jaune, quoy que le teramerita s'accorde fort bien avec la cochenille & la graine d'écarlatte, la nuance du rouge de bourre, & celle du rouge de garance suffisant, & estant plus commode pour faire toutes les nuances des couleurs, qui se composent du rouge & du jaune.

LX.

Quoy qu'il soit dit qu'il ne se tire, ou ne se compose pas des nuances de certaines couleurs, il ne s'ensuit pas qu'il ne s'en puisse tirer ou composer, on ne le dit seulement que pour faire voir que cela n'est pas en usage, ou qu'elles se font plus belles à meilleur marché, ou plus commodément avec une couleur qu'avec l'autre, mais le Teinturier experimenté se sçaura bien servir des bonnes drogues qui luy sont permises, & profiter du reste de ses bains aux nuances des couleurs, où il les jugera propres, la liberté de s'en servir luy en devant estre entierement laissée, comme le mauvais usage pour l'alteration ou falsification des couleurs luy en doit estre absolument défendu. *Plusieurs autres nuances & composition de couleurs non exprimées pour n'estre pas en usage.*

LXI.

Il se compose une nuance des couleurs fausses avec la couleur du rouge de bresil, & celle de jaune du teramerita ou de gaude, qui doit estre absolument défenduë, cette nuance des couleurs composées, ce faisans bonnes & plus belles avec la couleur de la bourre.

LXII.

De la nuance du rouge de garance sans boüillir, & de celle du fauve se compose la couleur de canelle couleur de chastaigne, couleur de musc & poil d'ours, le musc a besoin quelquesfois d'un rabat de gaude, & le poil d'ours de gaude ou bruniture, la couleur de Roy se peut aussi faire fort bonne avec le rouge de garance, & avec le fauve ou couleur de racine; mais au lieu de la garance le Teinturier du petit teint se pourra servir de l'orseille pour ses premieres sortes de couleurs, & seulement pour les étofes qui n'excederont pas vingt sols l'aune; mais pour la couleur de Roy, il doit estre garancé au bon teint. *Rouge & fauve.*

LXIII.

De la nuance du jaune & de celle du fauve se composent toutes les nuances de feüilles mortes, & couleur de poil qui se font plus beaux avec la suye qu'avec la racine, specialement si la suye est employée sur la fin d'un garançage où il y aura du teramerita. *Jaune & fauve.*

LXIV.

*Iaune &
gris.*

Il ne se compose point de nuance de la couleur de jaune avec celle du noir, la gaude servant seulement pour rabatre la rougeur de quelques couleurs de gris, & pour en faire verdir quelques autres, comme le gris d'eau, gris vert, merde d'oye, & couleurs semblables.

LXV.

*Vert &
fauve oli-
ve.*

Toutes les couleurs d'olive, depuis les plus brunes jusques aux plus claires ne sont que de vert rabatus, avec la racine, bois jaune, ou suye de cheminée.

LXVI.

*Couleurs
composées
de trois ou
de quatre
couleurs.*

Ayant montré la façon de faire le gris de sauge, gris de ramier, couleur d'ardoise, pain bis tristamie, couleur d'alyse, gris plombé, gris de morou, gris-brun, fur-brun, & autres couleurs semblables, avec le pastel, cochenille ou garance & avec la racine; & la pluspart des autres couleurs composées de trois ou quatre couleurs simples se pouvant faire bonnes diversement & avec diverses bonnes drogues. Il faut laisser la liberté aux Maistres Teinturiers de s'en servir & d'en achever les couleurs, suivant leur commodité & leur sçavoir, mais il faut défendre étroitement qu'on ne se serve pas dans le bon teint des drogues du petit teint, & au petit teint de ne teindre pas aucunes étofes ny couleurs de celles qui doivent estre teintes par les Teinturiers du grand & bon teint.

CINQVIEME PARTIE.

DIVISION DE TOUT LE CORPS
des Teinturiers en deux, & grand & bon teint, & en petit teint; avec les raisons de cette division, les couleurs & les étofes qu'il sera loisible à un chacun de teindre. L'apprentissage, le service chez les Maistres, & les chef-d'œuvres qu'un chacun doit estre obligé de faire.

LXVII.

*La Mai-
trise doit
estre sepa-
rée en
grand &
bon teint.*

Il est si necessaire de separer la Maistrise de la teinture en deux, en grand & bon teint, & en petit teint, & de l'establir de telle façon, que les Teinturiers du bon teint n'ayent pas la faculté d'employer ny de tenir dans leurs maisons du bois d'inde ny de l'orseille, ny d'achever les noirs qu'ils auront commencez, ny le petit teint de les engaller & noircir sans le pied, soit

du

du paftel feul, foit du paftel avec la garance, & de faire en forte que le petit teint qui aura la faculté d'avoir du bois d'inde &
de l'orfeille pour toutes fortes de noirs, & pour les gris & racinages des étofes qui n'excederont pas vingt fols l'aune, & celles
fervans à doubler qui n'excederont pas trente fols l'aune, ne le
puiffent pas employer aux étofes qui excederont ce prix; qu'il feroit autrement impoffible d'arriver à la perfection de la teinture,
d'avoir la plufpart des couleurs fans eftre falfifiées, foit par la
fouftraction du pied neceffaire, ou foit par l'employ de l'orfeille
& du bois d'inde dans les étofes, & aux couleurs que ces drogues
peuvent falfifier, n'eftant pas feulement neceffaire de défendre
les fauffes teintures, mais encore de retrancher aux Teinturiers
toutes les occafions qui leur pourroient donner du panchant &
de la commodité pour les falfifier.

Le bon teint doit commen- cer, & le petit teint achever le noir.

LXVIII.

On ne fçauroit donner la derniere perfection à un noir, fpe-
cialement pour celuy des laines de meflange fans le bois d'inde,
ny diminuer le prix des couleurs des petites étofes & laines groffieres, fans fe fervir au lieu du pied du paftel, garance ou cochenille, dont elle ne fçauroit fupporter le prix du mefme bois
d'inde, & de l'orfeille pour les gris & racinages de fes petites
étofes; que fi un mefme Teinturier faifoit le tout, ou que la Maîtrife eftant feparée, il fut loifible au bon teint d'achever ce qu'il
auroit commencé, il pourroit arriver que les Teinturiers fe trouvant en commodité fe ferviroient du bois d'inde & de l'orfeille
pour falfifier le bleu, ou dans les gris & racinages des étofes de
prix, qui feroient par ce moyen privées du pied du bon teint
qui leur eft neceffaire; ou que faifant pis ils acheveroient les noirs
comme il leur feroit facile de faire avec la galle, fumac & couperofe, fans leur avoir donné le pied du guefde, ou du guefde
avec la garance qui leur eft neceffaire pour avoir une bonne couleur.

Neceffité de feparer la Maî- trife en deux.

LXIX.

N'y ayant pas un meilleur moyen pour empefcher la falfification des couleurs dans la teinture, que de faire paffer les étofes
à qui le Teinturier du bon teint aura donné le pied neceffaire
du paftel, garance ou cochenille, en la main du Teinturier du
petit teint, pour les raciner, engaller, noircir, brunir ou grifer,
& n'eftant pas moins neceffaire d'affortir les couleurs à la nuance qu'on les defire, que de donner à l'étofe une belle & bonne
teinture; & cela ne fe pouvant que bien difficilement fi la couleur n'eft commencée, fuivie & achevée par un mefme Teintu-

Pour em- pefcher la falfificatiö des cou- leurs.

G

rier. Il est bon de se relascher & de reduire toutes ces couleurs, qu'il auroit esté besoin de faire passer du Teinturier du bon teint au Teinturier du petit teint, au seul noir qui est la couleur la plus importante, qui n'a pas besoin d'estre assortie à aucune nuance, & à laquelle il se peut commettre le plus de fraude, & dans laquelle il est le plus difficile à la découvrir, parce que la falsification qu'on pourroit faire aux autres couleurs estant plus visible, elle se pourra plus aisément découvrir & empescher par les plombs ou marques & rosettes qu'il sera necessaire de faire exactement observer, en la forme & maniere qu'il sera exprimée cy-apres.

L X X.

Par l'ins-
pection
des uns
sur les au-
tres.

Cette division faisant plus de Maistres, sera aussi plus d'inspecteurs, qui par la separation des deux maistrises sans dépendre l'un de l'autre seront obligez, celuy du petit teint de répondre de la bonté du pied du bon teint, & le bon teint se trouvant interessé que les noirs où il aura donné un bon pied soient fidelement achevez, & un chacun estant obligé d'y mettre son plomb ou marque, & laisser les rosettes necessaires à chaque piece, il n'y a point d'apparence que l'un se veüille rendre garand de la faute de l'autre, ny s'exposer à estre déferez l'un par l'autre, ny former d'intelligence parmy tant d'inspecteurs, & des marques si visibles, qui les pourroient convaincre de leurs contraventions, joint encore que les Gardes des Marchands, qui ont droit de visiter les marchandises, veilleront sur tous les deux.

L X X I.

Marchã-
dises &
couleurs,
qui doi-
vent estre
teintes
par le bon
teint.

Pour retirer le fruit necessaire de cette division de maistrise, & afin que chaque Teinturier sçache les étofes & les couleurs qu'il leur sera loisible de teindre avec les drogues qu'ils pourront employer sans entreprendre l'un sur l'autre, il est necessaire que les Teinturiers du grand & bon teint, donnent la teinture à toutes sortes de laines filées ou à filer, & à toute sorte d'étofes & marchandises de laine de quel prix, bonté, qualité & fabrique qu'elles soient ou puissent estre en toutes les sortes de bleus bons, rouges & jaunes depuis la plus basse couleur de leur nuance jusqu'à la plus haute de mesme qu'en toutes les nuances des couleurs, qui dérivent ou sont composées de deux ou de trois de ces couleurs simples bleus, rouge & jaune en la maniere qui a esté cy-devant specifiée.

L X X I I.

Les Teinturiers du bon teint pourront aussi teindre tous les gris & racinages des étofes, qui excederont vingt sols l'aune, & des étofes servans à doubler qui excederont trente sols l'aune avec le pied ou l'achevement du guesde, garance, ou cochenille aux couleurs où il fera neceffaire, comme font gris de ramier, couleur d'ardoife, gris plombé, pain bis, triftamie, couleur d'alyfe, gris-brun & couleurs femblables, pour juftification dequoy, ils feront obligez de laiffer à chaque tefte de la piece de l'étofe une rofette de chaque forte de pied, ou de l'achevement du bon teint qu'ils luy auront donné, que fi c'eft une couleur, qui fe commence & acheve fans aucun pied precedent, la rofette y demeurera toute blanche.

LXXIII.

Les Teinturiers du grand & bon teint pourront auffi guefder & garancer les étofes de haut prix, & guefder fimplement les éto-fes de prix mediocre & de bas prix, conformément au 178. article & les fuivans de cette Inftruction, avant que les Teinturiers du petit teint les puiffent engaller ny mettre en noir.

LXXIV.

Les Teinturiers du petit teint pourront teindre toute forte de laines de petit prix, fillées ou à filler, les étofes qui n'excede-ront pas vingt fols l'aune, & les étofes fervans à doubler, qui n'ex-cederont pas trente fols l'aune en toutes fortes de racinages & gri-fages, comme font les ventres de biche, couleur de canelle, cou-leur d'alyfe, pain bis, triftamie, couleur de mufc, couleur de chaftai-gne, petit minime, gris blanc, gris de perle, gris de fouris, gris de caftor, gris de breda, gris d'eau, gris de ramier, couleur d'ardoife, gris plombé, gris d'ours, gris de morou, gris noir, & autres cou-leurs femblables qu'ils pourront commencer, & achever fans au-cun pied, rougeur, ny rabat de paftel, garance ou cochenille fe pourront fervir pour cela au lieu de paftel, garance ou cochenille du bois d'inde ou de l'orfeille pour ces fortes de couleurs, & pour les étofes, laines ou marchandifes qui n'excederont pas le prix énoncé au prefent article, & fans qu'il leur foit loifible d'y laiffer aucune rofette.

LXXV.

Pourront auffi les Teinturiers du petit teint teindre les mefmes laines de petit prix, & les étofes qui n'excederont pas vingt fols l'aune en couleur de filvie, fleur de pefché, gris de lin, gris vi-neux, & en toute la nuance baffe des couleurs, qui fe font avec l'orfeille fimplement, fans qu'ils puiffent paffer aux couleurs plus hautes que le paffevelours de cette nuance, ny y ajoûter d'autres drogues pour en tirer la nuance du violet, ny celle de l'amaranté tané, rofe feche, fur-brun & autres couleurs de fes deux nuances, & fans qu'il leur foit auffi loifible de laiffer aucune rofette à l'étofe pour ces couleurs.

LXXVI.

ET parce que la petite cochenille, filveftre ou campeffianne, pourroit devenir trop chere, & qu'il arrive fouvent que tous les Teinturiers du bon teint ne fçavent pas fondre la bourre, & que le rabat que les Teinturiers du bon teint pourroient donner dans la cuve du guefde aux tanez amarante & rofe feche, ne feroit pas fuffifant pour les rofer, & pour les affortir à la couleur de leur nuance, il eft neceffaire en ce cas que les Teinturiers du petit teint achevent les violets des laines filées groffieres fervans aux bergames ou autres ouvrages de peu de prix avec l'orfeille, apres que le Teinturier du bon teint leur aura donné le pied du guefde fuffifant, de mefme que les tancz, rofe feche & amarante de ces mefmes laines & étofes pour leur donner le bel œil, apres que le Teinturier du bon teint leur aura donné le pied du guefde & la garance neceffaire, dont il fera tenu de laiffer des rofettes, que le petit teint fera obligé de conferver, & d'en laiffer auffi du guefde que le bon teint aura donné aux violets, & tous les deux de mettre à ces fortes de couleurs leurs plombs ou marquez, pour juftifier que la couleur a paffé par tous les deux teints; mais il leur doit eftre défendu de fe fervir de l'orfeille aux laines de mélange des mefmes couleurs, ny dans les étofes qui excederont le prix de vingt & trente fols l'aune, comme il eft dit cy-devant, ny mefme en d'autres couleurs du bon teint, que les violets tanez, rofe feche, amarante, & autres couleurs de ces deux nuances en la forme fufdite.

LXXVII.

LES Teinturiers du petit teint pourront encore teindre toute forte de bifages ou repaffagcs des étofes gris meflé ou bure, & fe fervir pour cela de la bruniture de galle, orfeille & bois d'inde, mais ils n'en pourront augmenter la couleur que d'un quatriéme, pour juftification dequoy ils feront tenus de laiffer une rofette au bout de la piece de la couleur qu'elle eftoit avant d'être bifée, fans qu'ils puiffent bifer ny augmenter ladite rofette; que s'ils l'ont augmentée, cela fe pourra découvrir par un petit débouïlly d'un échantillon qu'on pourra prendre dans ladite rofette; les Teinturiers du grand & bon teint pourront auffi bifer ou repaffer le gris, mais avec le feul bain de cochenille ou garance, fans aucun meflange ny addition d'autres ingrediens colorans.

LXXVIII.

LES Teinturiers du petit teint pourront auffi teindre toutes fortes de laines, étofes & marchandifes de laine de quel prix, bonté, fabrique & qualité qu'elles foient, apres qu'elles auront efté guefdées & garancées, ou guefdées fimplement, conformement
ment

ment au 178. article , & les fuivans de cette Inftruction , par le Teinturier du grand & bon teint, fans qu'il leur foit loifible d'engaller ny noircir aucunes laines , marchandifes ny étofes qu'elle n'ait receu prealablement le pied , foit du paftel feul ou avec la garance , & que les étofes n'ayent efté marquées & rofettées en la maniere qui a efté fpecifié cy-devant , & le fera encore cy-apres.

LXXIX.

LES Teinturiers du petit teint pourront encore teindre & reteindre les vieux habits ou étofes ufées en toutes fortes de noirs, racinages, grifages & bifages ; que fi les étofes font de prix, ou qu'elles ne foient pas beaucoup ufées, il fera obligé d'y faire donner le pied neceffaire au bon teint ; mais pour toutes les autres couleurs elles doivent aller au bon teint, de mefme que les étofes neuves de maifon ou morceaux bourgeois, qui doivent tous eftre receus & teints par le Teinturier du bon teint , fur le pied des autres étofes, fans qu'il foit neceffaire d'y faire aucune rofette , le plomb ou marque du Teinturier du bon teint fuffifant , fi c'eft une couleur qu'il ait teinte en feul ; mais fi c'eft un noir le Teinturier du bon teint apres luy avoir donné le pied neceffaire & mis fa marque , le fera faire noir au Teinturier du petit teint, qui fera auffi obligé d'y mettre fon plomb ou marque tout contre celle du Teinturier du bon teint, afin que celuy à qui appartient l'étofe en puiffe conferver le morceau pour avoir recours contre le Teinturier du bon teint à qui il aura baillé l'étofe , au cas qu'elle fe trouve mal teinte, & celuy-là contre le Teinturier du petit teint, fi le défaut venoit du noir qu'il luy auroit donné.

LXXX.

IL eft neceffaire de défendre à toutes fortes de Teinturiers de n'entreprendre l'un fur l'autre , au bon teint de ne tenir pas de drogues qui ne doivent que fervir au petit teint , ny de faire de couleurs du petit teint, ny mefme d'engaller ny noircir les noirs, & au petit teint de ne tenir dans leurs maifons aucunes des drogues qui ne doivent fervir qu'au bon teint ; de ne teindre aucunes étofes ny couleurs que celles qui appartiennent au bon teint, ny d'engaller & noircir les noirs qu'ils n'ayent efté prealablement guefdez, ou guefdez & garancez par le Teinturier du bon teint. Il fera neantmoins loifible à toutes fortes de perfonnes qui auront des étofes au deffous de vingt fols l'aune, de vieux habits & étofes ufées, de les bailler au Teinturier du bon teint pour leur faire donner le pied de la bonne teinture ; mais fi c'eft un noir ou un repaffage , il doit eftre achevé par le Teinturier du petit teint.

H

LXXXI.

Ny les Marchands donner les étofes & couleurs qui doivent estre du bon teint au petit teint.

Il est aussi necessaire de défendre à toutes sortes de Marchands de ne donner pas les étofes qui excederont vingt sols l'aune, ny celles servant à doubler qui excederont trente sols l'aune ache_tées en blanc, pour teindre aux Teinturiers du petit teint, ny de faire teindre aucun noir sans le pied de guesde, ou guesde & ga_rance necessaire ; il leur doit estre aussi défendu de faire teindre leurs marchandises en fausses couleurs, ny de tenir la main ou estre d'intelligence avec les Teinturiers pour cela, ou pour leur faire employer des drogues défenduës.

LXXXII.

Dans les Villes où il n'y aura qu'un seul Teintu_rier, ce qu'il doit faire.

Il est necessaire que dans les Villes où il n'y aura qu'un seul Teinturier, que celuy-là fasse s'il est assez intelligent le bon & le petit teint ensemble, en observant les Reglemens & les rosettes, & en mettant son plomb ou marque de bon teint aux étofes & cou_leurs du bon teint, & son plomb ou marque du petit teint aux étofes & couleurs de petit teint, & toutes les deux dans les éto_fes & les couleurs où le grand & petit teint auront participé ; que s'il n'est pas assez intelligent, il ne doit faire que le petit teint, & se servir de la seule marque du petit teint.

LXXXIII.

Necessai_re d'avoir deux Teintu_riers dans chaque Ville.

Il est encore necessaire de faire placer autant qu'il se pourra dans toutes les Villes où il n'y aura qu'un Teinturier pour le bon teint, un autre pour le petit teint, afin qu'ils ayent l'inspection, & répondent tous deux l'un du fait de l'autre, autrement la bon_ne teinture ne s'y fera jamais dans sa perfection.

LXXXIV.

Appren_tissage & le service chez les Maistres necessaire au bon teint.

L'Art de la grande & bonne teinture qui est fort caché & fort difficile à apprendre, demande une longue experience pour celuy qui desirera parvenir à la maîtrise; c'est pourquoy il est ne_cessaire que celuy qui voudra parvenir à la grande maîtrise ; ait demeuré du moins quatre années consecutives apprenty chez un Maistre du grand & bon teint, & qu'il fasse paroître de son bre_vet ou contract & quittance d'apprentissage, & qu'il ait en suite travaillé du moins quatre autres années chez le mesme Maistre, ou autre du bon teint, & au bout de ce temps ou apres se jugeant capable, il pourra demander à faire le Chef-d'œuvre, que s'il le fait bien il doit estre receu à la maîtrise, que s'il le fait mal il doit estre renvoyé pour le temps qu'on jugera luy estre necessaire pour apprendre ce qu'il luy manquera à sçavoir.

LXXXV.

Chef-

Quoy que l'industrie de sçavoir bien employer le pastel soit la plus neceffaire, & la plus difficile de la teinture, on le peut fça- *d'œuvre* voir travailler fans fçavoir faire un rouge de garance, un violet *du bon* cramoify, un vert & un minime ou noir de guefde & garance, qui *teint.* font quatre couleurs neceffaires de fçavoir à un Teinturier du grand & bon teint; c'eft pourquoy pour obliger ceux qui afpirent à la maîtrife de s'en rendre fçavans, il feroit bon qu'outre le travail de la cuve pendant fix jours, ils fiffent encore une piece de drap rouge de garance, un violet cramoify, un vert & un minime ou noir de pur guefde & garance, apres quoy ils pourront eftre re- ceus à la maîtrife, parvenir à leur tour à la Jurande, & joüir avec *Veuve &* leurs veuves & enfans de tous les honneurs & privileges de la gran- *enfans.* de & bonne maîtrife de la teinture; mais les fils des Maîtres Tein- *Fils de* turiers du bon teint ne doivent eftre obligez qu'à deux ans d'ap- *Maiftre.* prentiffage, & demeurer deux ans compagnons, foit chez leur pere, ou autre part, & à ne faire que deux pieces des quatre à leur option & à ne faire travailler la cuve que pendant trois jours; que fi c'eft *Fils de* un compagnon qui ait époufé une fille de Maiftre, il eft bon qu'il *Maiftre.* joüiffe en faveur de ce mariage des mefmes privileges & avanta- ges que les fils des Maiftres, pourveu qu'il confte que le pere du fils ou de la fille ait fait le Chef-d'œuvre & non autrement.

LXXXVI.

N'y ayant point de Chef-d'œuvre étably pour les Teinturiers *Appren-* du petit teint, & eftant neceffaire que ceux qui voudront eftre re- *tiffage,* ceus à cette forte de maiftrife foient fçavans & experimentez *fervice &* dans la maiftrife, en laquelle ils voudront eftre receus Maiftres, *d'œuvre* il eft neceffaire qu'à l'avenir ceux qui voudront eftre receus Maî- *neceßaire* tres du petit teint ayent demeuré apprentys pendant quatre an- *au petit* nées chez un Maiftre Teinturier du grand & bon teint ou du pe- *teint.* tit teint, & travaillé en fuite trois ans confecutifs chez un Maiftre Teinturier du petit teint, afin d'en apprendre la façon; & apres cela voulant eftre reçu Maiftre du petit teint, il doit eftre obligé de teindre avant d'eftre receu à la Maîtrife quatre pieces, fçavoir deux pieces de drap qu'il fera obligé de mettre en noir, l'une apres que le Teinturier du bon teint luy aura donné le pied du guefde, & de la garance neceffaire, & l'autre lors que le mefme Teinturier luy aura donné le pied du guefde fimplement, & deux pieces de petites étofes qui n'excederont pas vingt fols l'aune, qu'il fera auffi obligé de teindre l'une en gris de caftor, & l'autre en pain bis fans aucune participation du bon teint, apres quoy il preftera le ferment, fera receu Maiftre, & enregiftré comme tel dans le livre de la Communauté des Teinturiers du petit teint, & joüira de tous les privileges & avantages de la maîtrife du petit

Veuves & enfans.

Fils de Maiſtre.

Fille de Maiſtre.

Apprenty ou compagnon dérobant ſon Maiſtre exclus de la Maîtriſe.

Et punis s'ils font des teintures à leur profit.

Autres que les Maiſtres du grand & du petit teint ne pourront teindre ny reteindre.

Que les Chapeliers, leurs chapeaux, & les drapans la laine ſervant aux meſlanges en couleur de racine ſeulemẽt.

teint avec ſa veuve & enfans ; mais les fils des Maîtres ne ſeront obligez qu'à deux ans d'apprentiſſage, à demeurer deux ans compagnons, ſoit chez leur pere ou autre part, & à ne faire qu'une piece de drap noir, & une piece de petite étofe à leur option ; les compagnons qui auront épouſé une fille de Maiſtre pourront joüir de ce meſme avantage.

LXXXVII.

IL eſt encore neceſſaire que ſi un apprenty ou compagnon, ſoit du grand ou du petit teint, ſont atteints ou convaincus d'avoir volé leurs Maîtres, qu'ils ſoient pour jamais exclus de parvenir à la maîtriſe, & que leurs condamnations ſoient tranſcrites ſur le regiſtre de la Communauté pour y avoir recours quand beſoin ſera ; & que les compagnons & apprentys ne puiſſent teindre ny reteindre pour eux, & à leur profit en leurs maiſons dans les boutiques de leurs Maiſtres ny ailleurs, à peine de punition exemplaire.

LXXXVIII.

IL eſt neceſſaire qu'il ſoit défendu à tous autres qu'aux Maîtres Teinturiers du grand & bon teint, & du petit teint, de s'immiſfer de teindre ny reteindre aucunes ſortes de laines & marchandiſes de laine de quel prix, façon & qualité qu'elles ſoient, à l'exception des Chapeliers, qui pourront teindre leurs chapeaux, & les drapans les laines qui leur ſeront neceſſaires pour leurs mélanges en couleur de noiſette ou de racine, & que leſdits drapans ne puiſſent ſe ſervir, tenir ny avoir dans leurs maiſons de galle, couperoſe, ny autres ingrediens ſervans à teindre, que de la racine, écorce de noyer & cocque de noix, pour s'en ſervir ſeulement dans leurs laines de mélange en la ſuſdite couleur de racine ou noiſette, & non aux étofes, ny aux autres couleurs de la laine de mélange.

SIXIÉME PARTIE.

LA MAISTRISE ET LA FAÇON DE teindre les laines ſervans aux tapiſſeries & canevas ; les moyens de reduire la maiſtriſe de Roüen, ou autres ſemblables en grand & petit teint avec la façon, & la neceſſité des plombs, ou marques, & des roſettes pour empécher le dégradement des étofes, & la falſification des couleurs.

LXXXIX.

Teinture des laines ſervans

LES laines pour les tapiſſeries de haute liſſe, & pour les canevas devans eſtre teintes du bon teint de la meſme ſorte,

que

que les étofes & la perfection de leur teinture , consistant autant
en l'assortiment des nuances , & à empécher le feultrement , ou le
broüillement des laines , comme en la beauté & bonté de leurs couleurs , & estant impossible , ou du moins tres-difficile de bien assortir les couleurs à leurs nuances , ny d'empécher le broüillement &
le feultrement des laines , si deux differens Ouvriers y mettoient
la main.

aux tapis-
series &
canevas.

X C.

I L est necessaire que les Teinturiers qui seront destinez
pour teindre les laines de canevas & tapisseries , puissent faire
le grand & le petit teint ensemble , afin qu'ils puissent mieux faire leurs nuances , & assortir leurs couleurs , mais il leur doit estre
défendu d'employer du bois d'inde , ny de l'orseille , ny de teindre aucune sorte d'étofes , marchandises ny autres laines , que celles qui serviront au canevas & tapisseries , les laines mesmes qui
seront necessaires pour la fabrique des bergames , qui sont plus
grossieres , & où l'assortiment des nuances des couleurs n'est pas si
grand ny si difficile , devant estre teints par le Teinturier du bon
teint & petit teint , chacun suivant sa façon , ou la qualité des laines qui s'employeront ausdites bergames.

Teintu-
riers de
laines ser-
vans aux
tapisseries
& cane-
vas pour-
ront faire
le grand
& le pe-
tit teint.

X C I.

L E S Teinturiers destinez pour les laines des tapisseries & canevas , pourront neantmoins aller teindre leurs laines (n'ayant pas
assez de couleurs pour asseoir une cuve , ou pour chauffer une chaudiere) chez les Teinturiers du bon teint ou petit teint , & y assortir leurs nuances , en payant ce qui sera convenu entr'eux , & sans
que le Teinturier du bon teint ou petit teint soient responsables
au public de la bonté des couleurs , ny de l'assortiment des nuances , qui doivent estre gouvernées par les Teinturiers , Tapissiers , qui
seront obligez de les teindre , soit dans leur boutique , ou soit chez
les Teinturiers du bon ou du petit teint en bonnes couleurs , suivant les Reglemens , & sur les peines portées par iceux.

X C I I.

P O U R R O N T encore les Teinturiers , Tapissiers teindre les
étofes , laines & marchandises en toutes couleurs dans les lieux ,
où il n'y aura pas des Teinturiers destinez pour les étofes , en observant les Reglemens , les rosettes & les marques ; mais afin que les
Teinturiers , Tapissiers n'abusent pas de cette permission , il faut
enjoindre aux Commis & Juge de Police d'observer s'il se fabrique , ou teint assez d'étofes pour occuper un Teinturier , & s'il y a
suffisance de Maistres , ou de compagnons , pour pouvoir estre
Maistres , d'en destiner les plus entendus aux nuances des cou-

Les Tein-
turiers des
laines des
tapisseries
pourront
aussi tein-
dre les é-
tofes dans
les lieux ,
où il n'y
aura pas
d'autres
Teintu-

I

leurs pour les laines de canevas & tapifferies, & les autres pour le bon teint ou petit teint fuivant leur capacité, & fuivant le nombre des Maiftres qui fe trouveront, ou qui fe voudront établir dans ces lieux.

XCIII.

LE Corps des Teinturiers de la ville de Roüen ayant toûjours efté divifez en trois fonctions differentes en guefderons, garanceurs & noircilfeurs, dont l'un ignore la façon de teindre de l'autre, il feroit à craindre, fi on les obligeoit à fe régler tout à coup, fuivant la prefente Inftruction en bon teint & petit teint, qu'ignorans la façon de faire les couleurs qui leur feroient propofées, que la teinture en recevroit du déchet, & le commerce du dommage.

XCIV.

C'EST pourquoy afin de l'éviter, il feroit neceffaire de laiffer teindre ceux qui font déja eftablis en la forme & maniere qu'ils ont accouftumé, en obfervant les Reglemens & prefente Inftruction, foit pour les bonnes couleurs, foit pour la marque, ou foit pour les rofettes, parce que cela eftant bien obfervé, il n'en fçauroit arriver aucun inconvenient, le garanceur eftant obligé de répondre de la couleur du guefderon, comme le noircilfeur de la couleur du guefderon & du garanceur enfemble.

XCV.

MAIS afin que cette façon de maiftrife fe perde peu à peu fans déchet de la bonne teinture, & que l'uniformité fe trouve par tout le Royaume, il doit eftre permis à un Maiftre guefderon, & à un Maiftre garanceur qui fe voudront affocier & demeurer enfemble dans une mefme boutique, de faire tous deux conjointement le bon teint en la forme prefcrite dans la prefente Inftruction ; & ayant demeuré quatre ans ainfi affociez, ils pourront apres feparement ou chacun en fon particulier exercer fi bon leur femble la maiftrife du grand & bon teint, & joüir avec leurs veuves & enfans des privileges d'icelle, ou retourner à celle qu'ils profeffoient auparavant ; fçavoir le guefderon à la maiftrife de fon guefde, & le garanceur à celle de fa garance, dequoy ils feront tenus de donner leur declaration devant les Juges de Police des Manufactures.

XCVI.

QUE s'il fe trouvoit à prefent des Maiftres garanceurs capables du guefde, & des guefderons capables de garancer, il n'y auroit point d'inconvenient pour accelerer l'uniformité de les recevoir à la maiftrife du grand & bon teint pour l'exercer à mefme temps, & joüir de tous ſes privileges en leur particulier, ſans eſtre obligez de s'aſſocier enſemble ; mais il faudroit qu'ils fuſſent prealablement bien examinez devant le Commis & les Juges de Police & des Manufactures , afin que leur inſuffiſance ne cauſaſt pas du prejudice à la teinture & à eux-meſmes ; mais il ne faut pas recevoir un gueſderon ſans recevoir à meſme temps un garanceur, de crainte que les gueſderons qui ſe peuvent rendre plutoſt capables de garancer & cocheniller, que les garanceurs de gueſder n'attiraſſent tout le travail à eux, & que les autres en fuſſent privez ; on doit faire la meſme reflexion à l'égard des veuves.

XCVII.

Pour les Maiſtres noirciſſeurs de la ville de Roüen, & autres qui exercent cette façon de maiſtriſe, ayant accouſtumé de faire le petit teint , il leur ſera fort facile de l'exercer en la forme preſcrite dans la preſente Inſtruction , puis qu'il n'y a preſque point de difference de l'un à l'autre.

XCVIII.

Que s'il eſt neceſſaire de laiſſer quelque autre ſorte de maîtriſe en l'eſtat qu'elle ſe trouvera eſtablie, pour le bien & l'avantage des Villes, ou pour compatir au foible des Maiſtres, & répondre à la commodité ou incommodité des Provinces , il faut que ce ſoit autant qu'il ſe pourra ſans s'écarter beaucoup du modele de cette Inſtruction, en grand & en petit teint, pour y pouvoir apres conduire les Teinturiers par la plus douce voye & le meilleur chemin.

XCIX.

Pour éviter le mal qui ſe pourroit faire par l'intelligence du Teinturier du grand & bon teint avec le Teinturier du petit teint, & de ce dernier avec le Marchand, qui pour faire à meilleur marché la teinture de ſes étofes, les pourroit faire teindre au Teinturier du petit teint, ſans leur faire donner le pied neceſſaire du gueſde, garance & cochenille au Teinturier du bon teint. Il faut défendre abſolument au Teinturier du petit teint de recevoir aucunes étofes de celles qui excederont vingt ſols l'aune , & trente ſols pour les étofes ſervans à doubler, ny aucun noir, ſans que le Teinturier du bon teint y ait donné le pied neceſſaire du paſtel ou garance , qu'elle ne ſoit roſettée, & qu'il n'y ait appliqué ſon plomb ou marque ſur la teſte ou aux deux bouts de l'étofe, ſi la piece eſt double.

C.

Le plomb ou marque de chaque Teinturier eſt ſi neceſſaire d'eſtre attaché à la teſte de chaque piece d'étofe, que c'eſt l'u-

nique moyen avec les rosettes pour connoistre aisément la fraude qu'on aura faite à la couleur, avec celuy qui l'aura faite pour
y avoir recours, & pour l'en faire punir; mais afin que les plombs
ou marques soient connoissables, & fassent voir clairement si la
piece a esté teinte dans le grand ou le petit teint, ou dans tous les
deux, il est necessaire que chaque Teinturier du bon teint ait une
petite enclume, où soit gravé à l'entour en petite lettre le nom
de la Ville, & dans le milieu ces deux mots, *BON TEINT*
en grosse lettre, & un cachet dans lequel son nom soit gravé
aussi en grosse lettre, afin que frappant sur le plomb il imprime
des deux costez.

C I.

E T le petit teint aura aussi son enclume où le nom de la Ville
sera marqué à l'entour, & ces deux mots en grosse lettre dans le
dedans, *petit teint*, & un cachet où son nom sera aussi gravé en
grosse lettre.

C II.

C H A Q U E Teinturier doit estre obligé de mettre son plomb
ou marque à la teste de chaque piece d'étofe qu'il aura teinte;
que si la piece est double, il doit mettre son plomb ou marque à
tous les deux bouts; que si la piece a esté teinte dans le grand
& le petit teint, chaque Teinturier sera obligé d'y mettre son
plomb ou marque, le petit teint tout contre & plus bas que celle du bon teint.

C III.

L'E T O F E ayant receu la derniere main de la teinture, soit
du bon teint, soit du petit teint en seul, ou de tous les deux ensemble, avant de pouvoir estre receuë par le Marchand, il faut qu'elle
ait passé par le Bureau, qui sera étably pour cela, pour y estre veuë &
visitée par les Gardes de la draperie en charge, conjointement avec
le Juré Teinturier, qui y assistera, tout autant que sa commodité
le pourra permettre; & se trouvant bien teinte, rosettée & marquée, elle sera marquée du plomb du Bureau où sera gravé, *teinture*, avec le nom de la ville, ce dernier plomb estant necessaire,
pour approuver & confirmer les autres.

C I V.

Q u E si la piece se trouve mal teinte, mal marquée, ou mal
rosettée, elle sera arrestée par les Gardes, & les Jurez qui la pourront faire émander & condamner avec celuy, ou ceux qui l'auront
mal teinte, mal marquée ou mal rosettée, de mesme que ceux qui
y auront tenu la main, comme pourroit estre le Teinturier du petit teint, pour l'avoir achevée de teindre sans les pieds du guesde

ou

ou guefde & garance neceffaire ; que fi le Marchand l'avoit receuë ou fait prendre au Tondeur fans avoir la marque du Bureau, il doit eftre auffi condamné à l'amende, de mefme que le
Tondeur qui l'aura receuë fans eftre marquée.

C V.

Et afin que les marques fe puiffent mieux connoiftre, elles *La mar-*
ne feront appliquées fur l'étofe qu'apres qu'elle aura receu la der- *que apres*
la teintu-
niere façon de la main de chaque Teinturier, avant de les ren- *re.*
dre ou remettre, foit le Teinturier du bon teint pour les noirs
entre les mains de qui elle appartient, ou du Teinturier du petit
teint, ou foit entre les mains de celuy qui fera prepofé pour les
porter au Bureau, pour y eftre veuës, vifitées & marquées de
la marque dudit Bureau ; que fi les marques n'eftoient pas affez
vifibles, elles pourront eftre refrappées pour les rendre plus con-
noiffables.

C V I.

Et afin que perfonne ne puiffe tenir la main pour faire évader *Piece ar-*
ou fuppofer une autre piece d'étofe à la place de celle qui aura *reftée pour*
eftre de
efté arreftée pour avoir efté jugée de fauffe teinture, mal mar- *teinture*
quée ou mal rofettée, il fera loifible tant aux Gardes de la Dra- *fufpecte,*
perie qu'aux Jurez Teinturiers & autres, foit Marchands ou Tein- *doit eftre*
marquée
turiers qui fe trouveront dans le Bureau, ou qui y pourront eftre *de plu-*
appellez, d'y faire appliquer leur marque ou cachet, foit avec *fieurs.*
de la cire ou avec un plomb, & d'en dreffer fur l'heure un procés verbal, pour le tout eftre remis devers les Juges des Manufactures ; & venant à une plus ample verification ou au déboüilly,
tant les Gardes de la Draperie que les Jurez Teinturiers, & la
partie y doivent eftre ou prefens ou deuëment appellez, pour re-
connoiftre la piece, & voir fi la verification ou le déboüilly fe fera de la façon & avec les drogues neceffaires.

C V I I.

Pour rompre toutes les mefures qui fe fçauroient prendre *La necef-*
pour la falfification des bonnes couleurs, il eft neceffaire d'en- *fité & la*
façon des
joindre à tous les Teinturiers du bon teint, à peine de perdre le *rofettes*
prix de la teinture qu'ils auront donnée à l'étofe, de laiffer une ou *pour tou-*
deux petites rofettes à chaque bout de piece, l'une du bleu & *tes fortes*
de cou-
l'autre du rouge de garance qu'ils auront donnée à l'étofe, & au *leurs du*
Teinturier du petit teint de les conferver & d'en laiffer une autre *bon teint.*
au milieu des deux, ou à l'autre cofté de chaque bout de piece,
s'il n'y en avoit qu'une pour juftifier la couleur en laquelle eftoit
l'étofe avant qu'il l'engallât & noircit.

K

CVIII.

Il faut que les Teinturiers du grand & bon teint pratiquent le mesme à l'égard de toutes les couleurs qu'ils acheveront sans la participation du petit teint, laiffant des rofettes, fçavoir au vert une du jaune, & l'autre du bleu qui luy auront donné ; au feüille morte une rofette du jaune, & l'autre du fauve ; au cramoify une rofette du bleu, & l'autre du rouge de la cochenille ; aux tané ou amarante une rofette du guefde, & l'autre de la garance ou du demy rouge cramoify qu'on leur aura donné, & ainfi du refte.

CIX.

Rofette, marque generale de la bonne teinture.

Comme il eft neceffaire de laiffer à toutes les étofes qui auront receu une couleur compofée, une rofette de chacune des principales couleurs qui la compofent, il eft auffi neceffaire de laiffer une rofette en blanc à toutes les couleurs fimples, comme font le bleu, le rouge & le jaune, de mefme qu'aux couleurs de fauve & de gris des étofes qui excederont vingt fols l'aune, & trente fols l'aune pour les étofes fervans à doubler ; parce que les étofes qui excederont ce prix, doivent outre le plomb ou marque du Teinturier porter encore la rofette qui fera la marque generale de la bonne teinture, foit qu'elle ait efté teinte par un feul ou par deux Teinturiers, fuivant la diverfité de la maiftrife du grand & petit teint.

CX.

Etofes fãs rofettes, marque du petit teint.

Comme les rofettes à la tefte ou aux deux bouts de chaque piece d'étofes, doivent faire la marque generale de la bonne teinture, le défaut des mefmes rofettes fur une étofe teinte, doit auffi faire la marque generale du petit teint ; c'eft pourquoy il eft neceffaire de défendre aux Teinturiers du petit teint, de laiffer aucunes rofettes aux gris & racinages des étofes de petit prix, ny à aucunes autres étofes ny couleurs de celles qu'ils commenceront & acheveront fans la participation du bon teint, qu'aux bifez tant feulement, pour juftifier la couleur en laquelle eftoit l'étofe, & l'augmentation qu'ils auront donnée par leur bifage à fa couleur, afin que le public ne foit pas trompé, & fçache faire par la feule infpeon des marques & rofettes, la difference d'une bonne à une petite couleur.

CXI.

Le petit teint doit conferver les rofettes du bon teint.

Il faut neantmoins enjoindre aux Teinturiers du petit teint, de conferver les rofettes que le bon teint aura laiffé aux étofes dans les couleurs qui fe feront avec la participation des deux teints, & d'en laiffer une autre de la couleur en laquelle fera l'étofe, avant qu'ils l'engallent, noirciſſent ou orſeillent, ſuivant qu'il eſt ſpecifié dans la preſente Inſtruction, afin auſſi que le public puiſſe connoître par les roſettes, & par les deux marques les couleurs, où les deux teints ont contribué pour la faire.

C X I I.

MAIS comme il ſe pourroit trouver des Marchands & des Teinturiers, qui pourroient ou voudroient ignorer les pieds de gueſde, garance ou cochenille neceſſaires pour la perfection de la couleur, & en retrancher par ce moyen une partie, il eſt neceſſaire qu'outre les ſeize morceaux des couleurs énoncées dans le quatriéme article des Reglemens, il en ſoit encore teints d'autres, qui ſerviront de matriſſes à l'avenir pour toutes ſortes de pieds, dont la moitié demeurera au Bureau des Marchands Drapiers, & l'autre dans celuy des Teinturiers du bon teint, pour y avoir recours, ſoit dans la viſite, pour voir ſi le pied qu'on donnera aux couleurs ſera conforme à l'échantillon, matriſſe, ſoit pour le comparer avec les roſettes, ou ſoit pour en bailler un petit échantillon à tous les Teinturiers pour ſe regler, & donner le pied de meſme à leurs couleurs, ou ſoit pour les mettre enſemble dans le débouïlly avec les échantillons des pieds qu'on voudra verifier, & qu'on apprehendra d'avoir eſté falſifiées.

Echantillons, matriſſes de chaque ſorte de pied de bon teint doivent eſtre en reſerve dans chaque Bureau.

SEPTIE'ME PARTIE.

DROGUES QUI SE DOIVENT EMPLOYER pour toutes ſortes de couleurs, ſoit par le Teinturier du grand & bon teint, ou ſoit par le Teinturier du petit teint, & celles qui leur doivent eſtre défenduës, avec la neceſſité des livres journaux, & des viſites chez les Teinturiers.

C X I I I.

AFIN que perſonne n'ignore les drogues défenduës, & celles qui ſont permiſes aux Teinturiers du grand & bon teint, & celles qui ſont permiſes aux Teinturiers du petit teint avec celles qui doivent eſtre communes à tous les deux, ou defenduës à l'un & l'autre, il faut ſçavoir.

C X I V.

QUE les drogues qui ne donnent point de couleur ſervans toutes à diſpoſer les étofes, pour attirer la couleur de l'ingredient colorant, ou pour en rendre les couleurs plus belles & plus aſſeurées,

Drogues non colorantes pour le bõ teint.

doivent toutes eſtre permiſes , mais ſeulement aux Teinturiers du grand & bon teint , puiſque leur employ ne peut nuire aux bonnes couleurs du bon teint, ce qui n'eſt pas de meſme pour le petit teint, où elles ne ſerviroient que de contravention.

C X V.

L ᴇs Teinturiers du grand & bon teint ſe pouvans ſervir diverſement de differentes drogues non colorantes pour le meſme effet, les uns ſe trouvans bien d'en uſer d'une façon , & les autres d'un autre , il faut laiſſer à leur liberté de les avoir toutes dans leurs maiſons , & de s'en ſervir dans la teinture , ainſi qu'ils le jugeront neceſſaire , ſoit de l'une ou de l'autre façon.

C X V I.

Drogues non colorantes du bon teint. L ᴇs drogues non colorantes , ou qui ne donnent point de couleur ſervans au bon teint, ſont l'alun, le tartre , ou la gravelle, l'arſenic , le realgua, le ſelpeſtre , ſelnitre , ſelgemme , ſel armoniac , ſel commun, ſel mineral, ſel ou criſtal de tartre, agaric , eſprit de vin, urine, eſtain, ſon , farine de pois ou de froment, amidon , chaux, cendres communes, cendres recuites & cendres gravelées.

C X V I I.

Drogues colorantes du bon teint L ᴇs drogues colorantes qui doivent eſtre employées ſeulement par les Teinturiers du grand & bon teint , ſont les paſtels de l'auragois & albigeois, voüede , indigo , paſtel , d'écarlatte , graine d'écarlatte , cochenille , meſtique & teſqualle pour les couleurs & étofes de prix, cochenille , campeſſianne ou ſilveſtre pour les petites étofes , & laines de mélange, garance , bourre ou poil de chevre , garance , teramerita ou concoume, gaude , ſarrette , geneſtrolle & de la ſuye , pour employer ſeulement aux feüilles mortes , couleurs de poil , & verts d'olive.

C X V I I I.

Doivent eſtre défenduës au petit teint. I ʟ faut défendre aux Teinturiers du petit teint d'avoir dans leurs maiſons , boutiques & magazins aucuns deſdits ingrediens , ny de s'en ſervir , ſi ce n'eſt de la gaude pour l'adouciſſage des noirs, & le rabat des gris tant ſeulement.

C X I X.

Drogues qui doivent eſtre communes au grand & petit teint. L ᴇs drogues qui doivent eſtre communes entre les Teinturiers du grand & petit teint , ſont toutes peu ou prou colorantes , & ſont la racine, écorce , feüilles de noyer , coque de noix & garoüille, avec la galle , ſumac , rodoul , fovic & couperoſe , mais les Teinturiers du grand & bon teint ne doivent tenir que fort peu de ces quatre derniers ingrediens , & ſeulement ce qui ſera neceſſaire pour quelque legere bruniture qu'il leur ſera loiſible de donner aux couleurs, qu'il leur ſeroit difficile d'aſſortir autrement à leurs nuances

ſans

ſans qu'il leur ſoit loiſible d'en diminuer pour cela le pied neceſſaire, qui doit eſtre toûjours auſſi fort que celuy des échantillons
matriſſes.

C X X.

OUTRE les ſuſdits ingrediens qu'il ſera loiſible aux Teintu- *Drogues*
riers du petit teint, d'avoir communs avec les Teinturiers du *du petit*
bon teint en la forme ſuſdite, les Teinturiers du petit teint pour- *teint.*
ront encore avoir & ſe ſervir du bois d'inde, de l'orſeille & du
verdet, ſuivant la preſente Inſtruction, mais il doit eſtre abſolument défendu aux Teinturiers du grand & bon teint, d'employer
ny tenir dans leurs maiſons, boutiques ou magaſins aucuns deſdits ingrediens de bois d'inde, orſeille ny verdet.

C X X I.

LES drogues qu'il eſt neceſſaire de défendre abſolument à *Drogues*
tous les Teinturiers, ſoit du grand ou du petit teint ſont, le bois *défenduës*
de breſil, rocourt, ſaffran baſtard, tourneſol, orcanette, limail- *dans toute*
le de fer & de cuivre, moullées de Taillandiers, Coûtelliers & *ſorte de*
Emoulleurs, vieux rodoul & vieux ſumac qui ont ſervy à paſſer *laines &*
les maroquins ou autres cuirs, parce que tout cela ne ſert qu'à *étofes.*
falſifier les couleurs, durcir les laines, ou dégrader les étofes.
Pour le bois de fuſtel, bois jaune, le trantanel, la malherbe,
& l'écorce d'aune, ils doivent auſſi eſtre défendus juſques à ce
qu'on aura vû dans les Provinces, s'il y a neceſſité de les permettre dans les lieux qui manqueront, ou ne ſeront pas en commodité de recouvrer de la gaude, ſarette, geneſtrolle, racine, écorce de noyer ou coque de noix, ſumac, fovic, rodoul, mais juſques à ce que cela ſera bien vû & examiné ſur les lieux, leur employ doit eſtre défendu dans toute ſorte de teinture.

C X X I I.

SI les livres d'un Teinturier ſont bien tenus, & qu'il tienne *Livres*
bon & fidele regiſtre, tant des drogues qu'il achetera que des *des Tein-*
marchandiſes qu'il teindra & rendra journellement, ſoit entre les *turiers*
mains du Teinturier du petit teint, ſoit entre les mains du Mar- *doivent*
chand, ou ſoit entre les mains de celuy qui ſera prepoſé pour les *eſtre bien*
rendre dans les Bureaux, il en arrivera deux grands biens; c'eſt *tenus.*
pourquoy leſdits livres doivent eſtre timbrez & paraphez par l'un
des Juges des Manufactures.

C X X I I I.

LE premier ſera, que les livres eſtant biens tenus, & le livre *Regiſtre*
du Teinturier du bon teint ayant du rapport avec le livre du Tein- *de la hal-*
turier du petit teint, & tous les deux avec le regiſtre qui ſera te- *le ou Bu-*
nu dans la Halle ou Bureau de chaque Ville pour les marchandi- *reau.*

ſes teintes, cela rompra toutes les intelligences qui ſe pourroient former entre le Marchand & le Teinturier, pour le commerce des marchandiſes de fauſſe teinture ; que ce premier pourroit retirer & vendre en cachette ſans les faire marquer, verifier ny paſſer par le Bureau, & fera perdre les meſures que le Teinturier voudroit prendre pour employer de fauſſes drogues, ou au delà de ſix livres d'indigo ſur chaque balle de paſtel, & d'une livre ſur chaque cent peſant de voüede.

C X X I V.

Et le ſecond ſeroit, qu'il oſteroit la racine de la pluſpart des procés & differens qui n'arrivent entre les Marchands & les Teinturiers que par ce défaut, ou la mauvaiſe foy qu'il ſe trouve quelquefois dans les comptes des uns ou des autres, ou par la negligence ou infidelité de leurs ſerviteurs, Commis ou autres perſonnes, pour les marchandiſes qui ſe trouvent perduës ou égarées, la verité & le droit de l'un & de l'autre ſe pouvant aiſément découvrir par ce moyen.

C X X V.

Outre ces precautions, il eſt encore neceſſaire que les Gardes de la Draperie avec les Jurez Teinturiers du bon teint, ou les Jurez Teinturiers du bon teint, accompagnez de quelques autres Marchands ou Teinturiers ſans leſdits Gardes, aillent en viſite toutes les ſemaines, ou du moins tous les quinze jours dans toutes les boutiques des Maiſtres Teinturiers, ſoit du grand ou du petit teint, pour voir & verifier ſi leurs drogues ſont bonnes & leurs marchandiſes bien teintes, ſi on leur a donné la façon, le pied, la ſuite, & l'achevement neceſſaire à la perfection de la couleur, pour voir s'ils tiennent leurs livres en bonne & deuë forme, & un fidele regiſtre des drogues qu'ils auront achetées, & des marchandiſes qu'ils auront teintes.

Viſite chez les Teinturiers.

C X X V I.

Il eſt encore neceſſaire que les Jurez Teinturiers tiennent un regiſtre en bonne & deuë forme, & qu'ils chargent leur regiſtre dans cette viſite du nombre des cuves de paſtel ou voüede que chacun Teinturier aura aſſiſe pendant chaque ſemaine, de la quantité du paſtel ou du voüede qu'ils auront mis dans chaque cuve, du nombre des fois qu'ils les auront rechauffées, & de la quantité de l'indigo que chaque Teinturier aura miſe, ſoit dans la bonne cuve ou dans les rechaux. Que s'ils trouvent quelque choſe fait contre les Reglemens ils s'en pourront ſaiſir, & remettre leur verbal, ou faire rapport devant les Juges des affaires des Manufactures.

Regiſtre des Jurez Teinturiers.

HVITIE'ME PARTIE.

RAISONS POUR LESQVELLES IL Y A des drogues qui doivent estre permises, & d'autres qui doivent estre défenduës, & encore d'autres qui doivent estre permises en certaines couleurs, & défenduës en d'autres, avec quelques autres raisons qui serviront de réponse aux memoires qu'on pourroit presenter pour cela, & aux objections qu'on voudroit faire sur cette Instruction.

CXXVII.

Toutes les drogues qui ne rendent point de couleur, doivent estre permises aux Teinturiers du bon teint, par ce qu'elles ne servent qu'à disposer les étofes à recevoir la couleur, & à la rendre plus asseurée & plus belle.

Drogues non colorantes permises au bon teint.

CXXVIII.

Quoy qu'il y ait trois sortes de drogues ou ingrediens non colorans, qui en rendant la couleur plus belle, en alterent un peu la bonté, comme la cendre gravelée, qui diminuë un peu la bonté de la couleur de la garance en la rendant plus rosée dans la fonte ou l'urine en l'éclaircissant, & l'eau forte qui perd facilement le bel éclat de feu ou de nacarat qu'elle donne à la cochenille sur les étofes par plusieurs sortes de taches qui s'y impriment facilement, elles doivent pourtant estre permises pour ne se priver pas de ces deux belles couleurs, qui ne se sçauroient faire ny si belles, ny si éclattantes sans ces trois sortes de drogues, ou ingrediens non colorans.

Trois ingrediens non colorans, qui alterent la bonté de la couleur, pourquoy permis.

CXXIX.

Le pastel, le voüede, la graine d'écarlatte, le pastel d'écarlatte, les cochenilles, mestecque, tesqualle, campessianne & silvestre, bourre, sarrette, genestrolle doivent toutes estre permises aux Teinturiers du grand & bon teint, parce qu'elles contribuënt toutes à faire de bonnes & de belles couleurs.

Pastel, voüede, vermillon, cochenille, garance & les autres drogues du bon teint, pourquoy permises.

CXXX.

Quoy que le teramerita ne fasse pas un jaune aussi asseuré, comme celuy de la gaude, cette drogue doit estre neantmoins permise aux Teinturiers du grand & bon teint, puis qu'il n'y en a pas de plus propre pour faire jaunir, éclaircir ou tirer sur le nacarat les couleurs qui se font rouges, soit avec le vermillon, com-

Teramerita, pourquoy permis.

me les écarlattes de France, soit avec la cochenille, comme le rouge cramoisy, ou soit avec la garance, comme le nacarat de garance, l'eau forte fait un mesme, mais beaucoup plus bel effet sur la cochenille aux écarlattes façon d'Hollande.

C X X X I.

Indigo, pourquoy & comment permise.

L'Indigo doit estre aussi permise, parce que quoy qu'elle ne rende pas une bonne couleur employée seule, elle se rend bonne estant employée avec le pastel en la maniere exprimée au 8. 9. 10. & 11. articles de cette Instruction; & encore parce qu'il ne se trouveroit pas à present assez de pastel, & que l'indigo est en ce temps une des chaînes qui lie le commerce des Indes avec celuy de la France qu'il faut entretenir.

C X X X I I.

Suye.

La suye rendant une couleur fauve qui sent mauvais, pourroit estre défenduë à cause de sa mauvaise odeur, si elle n'estoit contraire à la taigne, & plus propre pour les feüilles mortes, & pour les couleurs de poil de bœuf que la racine, lors qu'elle est employée dans un garançage où il y a eu du teramerita.

C X X X I I I.

Racine, écorce de noyer, coque de noix, galle, sumac, fovic, rodoul & couperose, pourquoy permis.

La racine, écorce, feüille de noyer & coque de noix, la galle, le sumac, le fovic, le rodoul & la couperose estant tous de bons ingrediens, qui servent à disposer les étofes, ou à leur donner la couleur, ils doivent tous estre permis & communs entre les Teinturiers du bon teint, & les Teinturiers du petit teint, parce qu'ayans tous deux la faculté de teindre les gris, & racinages, les Teinturiers du bon teint, ceux des étofes qui excederont vingt sols l'aune, & les étofes qui servent à doubler qui excederont trente sols l'aune, & les Teinturiers du petit teint, celles qui seront au dessous de ce prix; il a esté necessaire de laisser ces sortes de drogues communes aux uns & aux autres, pour s'en servir suivant le 119. article de cette Instruction, parce qu'ils ne sçauroient faire ny assortir autrement leurs couleurs.

C X X X I V.

Garoüille.

La garoüille faisant une couleur fort propre pour les laines de mélange de la nuance de la couleur de gris de rat, & se purgeant de son défaut dans le foulon, il a esté trouvé bon de s'en servir; & parce qu'il se peut faire du meslange de gris de rat, aussi bien de laines grossieres, que de laines fines, de laisser l'employ de la garoüille commun entre les Teinturiers du bon teint, & les Teinturiers du petit teint, pour s'en servir chacun dans la teinture des laines de meslange qu'il leur est loisible de teindre, les Teinturiers du bon teint dans les laines de prix, & les Teinturiers du petit teint aux laines grossieres, & de petit prix. C X X X V.

C X X X V.

Qu o y que le bois d'inde employé avec l'alun & le tartre, faffe une fauffe couleur, il ne laiffe pas d'eftre bon & affeuré, lorſqu'il eft employé avec la galle, fumac, rodoul, fovic, couperofe & verdet dans les noirs, où il fait un fort bon effet, adouciffant les noirs, & les rendant plus beaux, & les étofes de meilleur ufage; & eftant jugé neceffaire pour cela, il a efté trouvé auffi à propos de l'employer dans les gris & racinages des étofes, qui n'excederont pas vingt fols l'aune, & aux étofes fervans à doubler qui n'excederont pas trente fols l'aune, afin d'en diminuer tout autant qu'il fe pourra le prix de leurs couleurs; & parce que les Teinturiers du bon teint en pourroient mef-ufer en la falfification du bleu, ou en l'employant au lieu du paftel ou guefde, il eft feulement permis aux Teinturiers du petit teint, qui n'ont pas la faculté de tenir de l'alun & de la gravelle, qui n'en fçauroient faire un mauvais ufage par ces precautions.

Bois d'inde, pourquoy permis en certaines couleurs, & défendu pour les autres.

C X X X V I.

L'orseille faifant une belle couleur, qui n'eft pas de durée, doit pourtant eftre permife aux Teinturiers du petit teint pour les baffes couleurs de fa nuance, qui font difficiles à imiter, & pour le bel œil des racinages; parce que n'eftant pas loifible au petit teint de teindre des étofes de prix, celles qu'ils ont la faculté de teindre, ne fçauroient fupporter le prix d'une forte couleur.

L'orſeille pourquoy. & à quoy permiſe.

C X X X V I I.

L'ecorce d'aune n'ayant rien de mauvais, & la feule apprehenfion qu'elle ne contribuë à faire employer la moullée, ayant donné lieu à fa défenfe, le bien qu'on en peut retirer pour la diminution du prix des couleurs de noir, gris, & racinages des étofes de petit prix où elle eft propre; prevalant fur cette crainte, qui n'a plus de lieu apres la défenfe de la moullée, il eft bon & utile de permettre l'employ de l'écorce d'aune aux Teinturiers du petit teint feulement, & non à ceux du bon teint aux endroits où fon employ fe trouvera abfolument neceffaire, ce qui doit eftre prealablement verifié fur les lieux, & jufques à ce elle doit eftre défenduë.

Ecorce d'aune.

C X X X V I I I.

Le verdet ou vert de gris qui fert à faire les belles couleurs de vert celadon, & de couleur de fouphre eftant d'ailleurs utile, employé en petite quantité, & à demy chaud avec le bois d'inde dans le noir ne doit pas eftre défendu, puis qu'il eft favorable, & qu'il ne fçauroit nuire eftant employé fuivant cette Inftruction, à la bonté, ny à la beauté des couleurs, mais parce qu'il rend fa couleur

Verdet.

M

ſans preparation d'alun ny tartre, & qu'il eſt propre pour le noir, il ne doit eſtre permis qu'aux Teinturiers du petit teint, qui ont la faculté de faire le noir.

CXXXIX.

Trenta-
nel, mal-
herbe, fu-
ſtel, &
bois jau-
ne.

Le trentanel & la malherbe nuiſans un peu à la veuë de ceux qui les employent, & leur couleur n'eſtant pas ſi aſſeurée que celle de la gaude, ſarrette & geneſtrolle, ny la couleur du fuſtel, comme celle de la gaude & de la racine, & le fuſtel pouvant encore ſervir à l'augmentation du nacarat, de bourre, de meſme que le bois jaune, cela fait que ces quatre ingrediens ſont défendus pour le preſent dans la teinture des laines, ſauf le bois jaune, qui eſt permis pour le noir.

CXL.

Moullée,
limaille
de fer ou
de cuivre
& tourne-
ſol abſo-
lument
défendus.

Pour la moullée, les limailles de fer & de cuivre, qui dégradent ſenſiblement les étoſes, qui les durciſſent, & qui s'attachent dans le fil qu'ils rongent & couppent comme la teigne, ce ſont trois ingrediens tres-dommageables, qui n'ayans rien de bon pour la teinture des laines, doivent eſtre abſolument défendus, de meſme que le tourneſol.

CXLI.

Orcanete.

L'orcanete qui fait un rouge brun tirant ſur le tané, ſa couleur n'eſtant ny ſi belle ny ſi bonne, ny à ſi bon marché que celle de la garance, & eſtant outre cela une drogue étrangere, elle doit eſtre abſolument défenduë, comme une drogue inutile.

CXLII.

Rocourt.

La couleur du rocourt eſtant plus chere, & n'eſtant ſi belle ny ſi aſſeurée que celle qu'on peut faire avec la bourre, doit eſtre abſolument défenduë, tant à cauſe de cela, que parce que c'eſt une drogue eſtrangere, de laquelle on ſe peut aiſément paſſer dans la teinture des laines.

CXLIII.

Saffran-
bourg.

Le ſaffran-bourg, ou ſaffran baſtard n'eſtant ny bon ny utile à la teinture des laines qui reçoivent mieux la couleur qu'il peut donner avec la bourre doit eſtre auſſi defendu, afin que les Teinturiers de draps ne s'amuſent pas à tirer une couleur fauſſe d'une drogue qui eſt fort chere.

CXLIV.

Breſil dé-
fendu.

La couleur du rouge de breſil doit eſtre abſolument défenduë, tant parce que c'eſt une couleur fauſſe & une drogue eſtrangere qui enleve beaucoup d'argent de la France, que parce qu'on ne la ſçauroit permettre aux Teinturiers du bon teint, ſans rompre toutes les precautions qui ſont priſes par la preſente Inſtru-

ction, & donner cours aux fauſſes couleurs , ny aux Teinturiers
du petit teint ſans tomber dans le meſme inconvenient , & ſans
leur permettre à meſme temps l'alun & le tartre , ſans lequel ils
ne ſçauroient employer le breſil, & deſquels ils ſe pourroient ſervir pour teindre la fauſſe nuance de la couleur du bois d'inde.
C'eſt pourquoy on repete que ladite couleur de rouge de breſil
doit eſtre défenduë à tous leſdits Teinturiers des étofes de laine,
ſoit du grand ou du petit teint.

C X L V.

L'ORSEILLE eſt plûtoſt permiſe que le breſil , tant parce *L'orſeille*
qu'elle s'employe ſans alun ny gravelle, que parce que c'eſt une *pourquoy*
drogue qui croiſt & qui s'appreſte en France , & de laquelle les *plûtoſt*
premieres couleurs de ſa nuance ſont fort difficiles à imiter ; ce *que le bre-*
qui n'eſt pas de celle du breſil, qui s'imite facilement avec la ga- *ſil.*
rance, bourre ou cochenille, outre que le rouge qui ſe fait avec
la garance qui eſt une bonne couleur, n'eſt gueres plus cher que
celuy qui ſe fait avec le breſil, qui eſt une fauſſe couleur.

C X L V I.

TOUTES les drogues qui ne ſont pas permiſes doivent eſtre
cenſées défenduës , quoy que la raiſon de leur défenſe ne ſoit
pas icy exprimée.

C X L V I I.

DES cinq couleurs ſimples, les trois premieres qui ſont le *Bleu,rou-*
bleu, le rouge & le jaune, ont eſté laiſſées aux Teinturiers du bon *ge & jau-*
teint, pour les teindre ſeuls ſans la participation du petit teint, tant *ne cou-*
parce qu'elles ont plus de liaiſon enſemble, & qu'il faut beaucoup *leurs du*
de ſçavoir, & d'experience pour les bien faire, que parce que de *bon teint.*
toutes les couleurs qui ſe compoſent de leurs nuances , il ne s'en
peut point faire de fauſſe, une bonne couleur antée ſur une autre
bonne couleur en ſe rendant plus obſcure , ſe rend auſſi plus aſſeurée.

C L X V I I I.

LES autres deux couleurs ſimples qui ſont le fauve & le noir, *Le fauve*
ont eſté laiſſées aux Teinturiers du bon teint & du petit teint, pour *& le noir*
en uſer differemment, le noir devant recevoir le pied du gueſde, où *couleurs*
gueſde & garance neceſſaire du bon teint, & eſtre engallé & noir- *du grand*
cy par le petit teint , afin d'oſter aux Teinturiers du bon teint la *& petit*
commodité de faire les noirs ſans le pied du gueſde ou garance, *teint, pour*
& de falſifier le bleu, comme ils auroient pû faire, s'ils euſſent eu *en uſer*
la faculté d'achever leurs noirs , & de ſe ſervir du bois d'inde. *differem-*
ment.

C X L I X.

ET parce qu'il ſe teint auſſi bien des laines fines & des étofes de prix comme des laines grossieres, & des étofes de petit prix aux couleurs de fauve & de gris, qui est la nuance du noir, & que plusieurs de ces couleurs de fauve & de gris ont besoin du pastel, garance ou cochenille, pour estre de bonne teinture, dont les laines grossieres, & les petites étofes ne sçauroient supporter le prix; & que pour le diminuer, il se faloit servir du bois d'inde & de l'orseille, de laquelle les Teinturiers du bon teint pourroient mes-user. Il a esté necessaire de laisser le fauve & le gris aux Teinturiers du grand & petit teint pour les teindre differemment; les Teinturiers du bon teint, les étofes de prix avec le pied, la suite, ou l'achevement du pastel, garance ou cochenille aux couleurs où il sera necessaire; & les Teinturiers du petit teint, les petites étofes avec le bois d'inde & l'orseille, afin que l'un & l'autre puisse assortir ses couleurs, & que le bon teint n'eust pas la liberté d'employer le bois d'inde, ny l'orseille aux gris & racinages des étofes de prix, ny à la falsification du bleu.

C L.

APRES avoir déduit les raisons qui ont donné lieu à la permission ou à la défense de l'employ de certaines drogues, & la division des couleurs pour le grand & le petit teint, estant encore necessaire de répondre à certains memoires; & ces réponses pouvant servir d'éclaircissement, & lever toutes les difficultez qu'on pourroit former à l'avenir sur semblables matieres, il a esté trouvé bon de les inclure dans cette Instruction, afin que chacun les y pûst voir, & s'en rendre sçavant.

C L I.

IL y a quelques Teinturiers qui croyent que la couleur du bois de bresil meslé avec la racine, subsiste dans les laines de meslange; mais l'experience faisant voir le contraire, & se pouvant plus efficacement servir de la garance pour cela, on ne sçauroit attribuer le desir qu'ils font paroistre de l'employer qu'à une mauvaise habitude, & à une demangeaison de mal faire; que s'il reste quelque couleur dans le meslange des étofes, c'est plûtost celle de la racine ou de la galle que celle du bresil, qui perd entierement le violant qu'elle avoit donné à l'étofe, specialement à celle qui s'employe à l'entre-cuisse d'un haut de chausse, & aux endroits qui se trouvent plus exposez au Soleil & au mauvais temps, qui restent avec une couleur jaunastre ou fauve, tout à fait differente du reste, & le bois d'inde mesme qui s'assure avec le verdet, la galle & la couperose dans le noir, estant employé en trop grande quantité, soit dans les gris & racinages des laines de mélange, soit dans ceux des étofes ou dans leurs bisages ne sçauroit

éviter

éviter la tache de l'urine, ou de quelque autre liqueur acre &
mordicante, qui fait qu'on se sert du pastel, de la garance ou de la
cochenille aux laines ou étofes de prix dans les couleurs, où sa trop
grande quantité & le peu de galle & couperose qu'il s'y peut employer pourroit faire ce mauvais effet.

C L I I.

IL y en a quelques autres qui se figurent, parce que le fustel *Fustel &*
ou bois jaune se trouvent propres au jaune doré & couleur de *bois jaune*
chamois, & qu'il seroit mesme necessaire pour les olives & feüilles mortes, qu'on leur doit donner la permission de s'en servir en
ces couleurs, pour avoir la liberté de l'employer à la falsification
& augmentation des nacarats de bourre & autres couleurs impor-
tantes qu'il peut alterer, supposant mesme qu'incorporé & allié
avec la gaude, il compose une couleur meilleure & plus stable
pour faire les jaunes, verts d'olives, & feüilles-mortes que ne feroit la gaude toute seule, quoy qu'ils ne puissent pas ignorer,
ayant les moindres principes de la teinture, que la gaude seule
ne peut pas faire une feüille morte ny un vert d'olive, s'il n'y a
du fauve avec le jaune pour le premier, & encore du fauve avec
le bleu & le jaune pour le second, & le fauve se pouvant donner meilleur & plus commodement à ces deux couleurs avec la
suye ou la racine, desquelles ne parlant pas ny ne tenant aucun
compte, ils ne sçauroient colorer cette demande incivile & mal
digerée, que d'un desir violant d'avoir cette permission pour se
servir du fustel aux couleurs pour lesquelles il a esté défendu, le
bois jaune estant neantmoins propre pour le noir, il sera necessaire de le permettre pour cela dans les lieux où il sera trouvé necessaire.

C L I I I.

IL y a encore des Teinturiers, dont l'intention pour estre *Noir de*
moins connuë pourroit estre plus dommageable, qui pour se met- *castor sus-*
tre à couvert de la contravention qu'ils ont projettée, deman- *pect.*
dent la permission de faire certaines couleurs, comme le noir
qu'ils disent de castor, sans dire la façon ny les drogues qu'ils
veulent employer pour les faire, qui estant & bonnes & permises,
n'auroient pas besoin d'autre permission que la generale, & estant
défenduës on se doit toûjours méfier de l'intention qu'ils peuvent
avoir, jusques à ce que par un bon examen des drogues & de la
façon de les employer, on ait reconnu le bon & l'utile de cette
couleur, & de la permission qu'ils demandent.

C L I V.

MAIS afin que ceux qui en auroient trouvé le secret ne fus-

N

sent pas privez du fruit de leur découverte , & afin que quelque autre ne se prevalûst de la connoissance qu'ils seroient obligez de donner de leur secret par cet examen , il seroit necessaire , la chose se trouvant bonne & utile, d'accorder pour privilege à celuy qui auroit trouvé le secret, ou l'auroit porté en France qu'autre que luy , ne s'en pûst servir pendant certain temps dans la Province, où il se voudroit établir, & qu'il luy fut loisible de vendre ou donner cette mesme faculté à ceux, qui le voudroient exercer pour le mesme temps dans les autres Provinces.

C L V.

Le mesme se pourroit efficacement pratiquer à l'égard des Etrangers, pour les obliger par ce privilege de venir découvrir & profiter de leur secret en France ; mais il faut toûjours faire en sorte qu'un bon secret ne demeure pas entre les mains d'une personne seule, de peur qu'il ne se perde par la sortie du Royaume, ou la mort de celuy qui le sçait, ce qui se peut aisément en leur donnant du profit, pour l'enseigner à ceux qui seront destinez pour l'exercer dans les autres Provinces ; que si ce secret est connû de quelques François , il faut toûjours les preferer aux Etrangers, afin qu'il reste avec le profit qu'il en fera dans le Royaume.

C L V I.

Comme il est important de faire recherche dans les Provinces de toutes les herbes, drogues, mineraux & racines, qui peuvent contribuer à la bonne teinture , il est aussi necessaire de n'en permettre pas l'employ , qu'apres un examen fort exact, si leur couleur en est bonne & utile, & comme il y a des Provinces qui manquent d'une chose, & abondent en une autre, qui fait le mesme effet, il doit estre de la prudence des Commis & Juges des Manufactures qui sont sur les lieux de bien examiner les choses, & d'en donner leur avis par écrit sur la requeste qui aura esté presentée ; & comme le retardement pourroit estre nuisible, si la chose est trouvée bonne , ils en doivent permettre l'employ sous le bon plaisir du Roy par provision seulement, & jusques à ce que sa Majesté en ait autrement ordonné.

C L V I I.

Mais afin d'empescher l'incivilité des requestes qu'on pourroit presenter pour cela, ou pour avoir la liberté de se servir d'une drogue dans les couleurs, où elle pourroit estre bonne pour l'employer par apres dans les autres, où elle pourroit faire un mauvais effet, soit pour la falsification de la couleur, ou dégradation des étofes ; il est necessaire d'imposer une peine contre ceux qui presenteront de semblables requestes, afin de les obliger à bien examiner la chose, avant que de la proposer.

CLVIII.

Q u o y 'qu'il soit constant qu'un noir dans lequel on a employé le bois d'inde, comme il se trouve énoncé dans cette Instruction se puisse prendre & tirer plus à froid, & qu'il soit plus beau, plus doux, & de meilleur usage que celuy où on n'en a pas employé, il ne s'ensuit pas qu'on doive priver pour cela les étofes du pied du guesde necessaire, comme certains Teinturiers veulent faire mal à propos pour les étofes foibles & legeres, tant parce que pour rendre ce noir asseuré, il faudroit employer au double d'autres drogues, qui rendroient ce noir plus cher qu'avec le pied du pastel, ce qui obligeroit les Teinturiers pour parvenir à leurs fins, & pour y profiter dans la suite d'en retrancher la plus grande partie, & de rendre par là cette couleur doublement mauvaise : Que parce que ces noirs, où le bois d'inde s'employe en trop grande quantité, sans estre fortifié par le pied du guesde, ou guesde & garance se tache, & devient roussastre aux endroits où l'urine, ou quelque autre liqueur acre les touche fortement. Mais comme ce secret se trouve découvert dans tous les articles des noirs de cette Instruction, il seroit à present inutile à certains Teinturiers de se l'attribuer, ou de le déguiser, pour avoir un pretexte de faire leur noir sans le pied du guesde & garance necessaire, puis qu'ils ne sçauroient par là se mettre à couvert de cette contravention, ce qui se verra plus particulierement dans les articles suivans de la dixiéme Partie de cette Instruction.

NEVVIE'ME PARTIE.

LES DROGUES ET LA FAÇON DU BON noir avec les pieds du guesde & garance necessaire, suivant la qualité & la durée des étofes.

CLIX.

L'ARTICLE du noir des étofes de prix & mediocre, estant des plus importans, tant parce que c'est la couleur où il se peut faire le plus de tromperies, & dans laquelle il est le plus difficile de la découvrir, que parce que c'est en cette couleur qu'on met les étofes les plus fines, & dont la pluspart des gens de condition sont habillez ; il est aussi necessaire de le mieux examiner, & de faire donner aux étofes la meilleure couleur noire qui se pourra, sans dégrader sensiblement les étofes, ny encherir excessivement la couleur.

Noir des étofes, couleur plus importante.

C L X.

LES noirs des étofes de prix doivent tous eftre garancez pour quatre raifons.

C L X I.

LA premiere, parce que la couleur en eft meilleure, plus belle & de meilleur ufage.

C L X I I.

LA feconde, parce que les laines des étofes de prix qui font les plus fines, eftant les plus humides & les plus huileufes, s'engraiffent & prennent fort facilement la pouffiere, le charpy des nappes, ferviettes & vieux linges, lors qu'elles n'ont pas efté purgées avec l'alun, la gravelle & la garance, avant que de leur donner le noir.

C L X I I I.

LA troifiéme, parce que ne garançant pas le noir des étofes fines, on eft obligé d'y employer davantage de couperofe, qui eft une drogue plus acre & plus mordicante que l'alun.

C L X I V.

ET la quatriéme, parce que l'ufage des étofes noires de prix qui font garancées, eftant mieux deffechées & dégraiffées, eft bien plus fain que fi elles ne l'avoient pas efté.

C L X V.

ON ne fçauroit contefter que le noir des étofes fines ayant efté garancé ne foit meilleur, plus beau & plus fain que s'il ne l'avoit pas efté, mais on pourroit douter de l'ufage & de la durée de l'étofe qui en a efté teinte, fi on ne fçavoit,

C L X V I.

QUE quoy qu'il n'y ait point de drogues acres & mordicantes, comme font tous les fels, & particulierement l'alun & la couperofe, que par la chaleur qu'ils ont en un haut degré ne durciffent les étofes, & n'en abregent la durée, en deffechant l'humide huileux qui rend flexible & tient lié le poil de la laine ; il ne s'enfuit pas que l'alun qu'on met en petite quantité pour un noir de garance qu'on corrige avec beaucoup de gravelle, & qu'on laiffe fort peu boüillir puiffe faire ce mauvais effet ; qu'au contraire, deffechant le fuperflu de l'humide huileux de la laine, & la purgeant avec la gravelle & la garance de fa graiffe, ils en augmentent la durée, en empefchant que la pouffiere qui ronge le fil de la laine, comme la teigne ne s'y attache, & que le charpy des nappes, ferviettes, & vieux linges ne la rendent toûjours mal propre, ce qui eft un grand défaut, dont plufieurs ont autant ignoré la caufe que le remede.

C L X V I I.

CLXVII.

QUE si on accuse les étofes noires de petite durée, c'est aus-
si-tost celles qui n'ont pas esté garancées que celles qui l'ont
esté, ce qui arrive, soit par le défaut qui est en l'étofe, soit par celuy de son apprest, ou par l'inexperience du Teinturier à n'y donner pas l'alun, le tartre, la garance en la forme susdite, ou le noir
avec les drogues, & de la façon qu'il est necessaire.

CLXVIII.

QUOY qu'il y ait peu de Teinturiers qui sçachent la qualité
ny les degrez de secheresse ou de l'humidité des drogues qu'ils
employent, ny pourquoy celle-là est plus propre en une couleur
que cet autre; il n'y en a pas dans le bon teint qui ne sçache ou
doive sçavoir que l'alun ne dispose pas seulement les étofes à recevoir la couleur, mais encore pour leur donner la vivacité, &
qu'on se sert aussi de la gravelle, non seulement pour corriger l'a-
critude de l'alun, mais encore pour luy ayder à disposer l'étofe à
recevoir la couleur; par ainsi n'important pas que la garance pour
un noir aye de la vivacité, mettant fort peu d'alun & suffisance de
gravelle, & laissant peu boüillir les étofes, l'acritude de l'alun ne
s'y sçauroit attacher, ce que l'experience confirme.

CLXIX.

ON ne se sert point seulement du pastel & de la garance
pour rendre la couleur du noir plus belle & assurée sur les étofes
de prix, mais encore pour n'estre pas obligé d'y employer tant
de couperose, comme il seroit necessaire si on la faisoit de blanc
en noir; ainsi en voulant éviter un inconvenient imaginaire, on
tomberoit dans un mal effectif, l'acritude de la couperose qu'il
faudroit employer en plus grande quantité, si les étofes de prix
n'estoient pas garancées, estant bien plus à craindre que celles de
l'alun, du tartre & de la garance.

CLXX.

A quoy ne serviroit rien d'alleguer que la rougeur d'un noir
garancé, estant plus difficile à surmonter que la vivacité d'un bleu,
requiert aussi plus de couperose pour le noircir, puis qu'on sçait
qu'un noir garancé de cette façon ne rougit que fort peu, ou point
du tout; mais quand cela seroit, employant du bois d'inde dans le
noir, on surmontera facilement cette rougeur, & on ne sera pas
obligé de faire boüillir beaucoup les étofes dans la galle, ny donner trop chaud le bain de la couperose, parce que le bois d'inde,
qui sert en ce cas-là de galle, se prend, & fait prendre le noir à
l'étofe, quoy que le bain n'en soit que mediocrement chaud, ce

O

de qui fait prendre plus à froid.

qui empefche l'acritude, & fait la douceur des étofes qui font tein_tes en noir.

CLXXI.

Les laines de mélan-g doivent eftre guef-dées fans eftre ga-rancées.

Que s'il faut guefder & garancer les noirs des étofes de prix, il n'en faut pas ufer de mefme pour les laines fines qui ne font pas filées , parce que l'alun & la garance deffeichans le poil de la laine, ils l'empefcheroient de fe rendre flexible fous les doigts de la fi-leufe, & de fe lier dans le foulon ; mais il fe faut contenter de la bien guefder, le bleu fi obfcur qu'on le puiffe faire purifiant toû-jours, & adouciffant plûtoft qu'il ne durcit le poil de la laine.

CLXXII.

Etofes de laine me-diocre & groffiere guefdées fimple-ment.

Comme les étofes noires qui font fabriquées des laines plus fines, doivent eftre garancées pour les deffeicher & dégraiffer, les étofes de laine mediocre & groffiere , ayans affez & fouvent trop de fechereffe ne doivent eftre que bien guefdées, le guefde en con-fervant & augmentant la douceur de la laine en rendra (fi on le met à propos , & en fuffifante quantité fuivant la bonté & durée de l'étofe) la couleur fort bonne & fort affeurée, pourveu que le bleu foit du paftel pur ou meflé avec le voüede & indigo, fuivant les hui-tiéme, neuf, dix & onziéme articles de cette Inftruction ; car autre-ment ce ne feroit que fauffe couleur , à quoy il eft fur tout impor-tant de prendre garde pour avoir la perfection du noir, foit de ga-rance ou de pur guefde.

CLXXIII.

Le pied du noir fuivant la durée des étofes.

Avant de pouvoir bien faire fixer le pied, foit du paftel feul, ou foit du paftel avec la garance de chaque forte d'étofe & mar-chandife qu'on voudra teindre en noir fuivant la fineffe de la lai-ne, & la durée des étofes, il eft prealable de fçavoir.

CLXXIV.

Premierement, que les rafes fortes, & ferges à deux en-vers qui font faites de bonne laine, & qui fe tiennent autant liées par la tiffure des filets, que par la liaifon du poil de la laine n'ayant pas efté rompuës par le chardon ny la carde , doivent avoir un pied plus fort que les étofes de mefme laine à qui on aura tiré le poil, parce que la durée en eft bien plus grande.

CLXXV.

Secondement, que la couleur penetrant mieux les étofes qui font plus ouvertes que celles qui font plus ferrées, on doit don-ner le pied plus fort à ces dernieres, afin que l'avantage qu'elles re-cevront par deffus , compenfe la teinture que les autres auront re-ceuës dans le corps de l'étofe.

CLXXVI.

EN troifiéme lieu, que les étofes qui fervent à doubler eftant ordinairement plus ouvertes, moins expofées au Soleil & à la pluye, doivent avoir un moindre pied, que celles qui fervent à des ufages plus penibles & plus expofez, quoy qu'elles foient toutes de mefme laine.

CLXXVII.

EN quatriéme lieu, que les rafes de Châlons, d'Amiens, de Rheims, de Chartres & autres étofes foibles n'ayant pas la moitié de la durée de celles de Nifmes, Montauban, S. Gaudens, & autres rafes fortes, elles doivent avoir un moindre pied proportionné à leur durée, quoy qu'elles couftent davantage, & foient fouvent de laine plus fine.

CLXXVIII.

POUR obferver tout ce que deffus avec profit & avec égalité, il eft neceffaire que tous les draps d'une aune, une aune & un tiers, & une aune & demy façon d'Efpagne, d'Hollande, d'Angleterre, draps de Sapte, de Carcaffonne, d'Elbœuf, de Roüen, Sedan & autres fortes de draps de pareille ou femblable fabrique, bonté & largeur, qui excederont le prix de douze livres l'aune, foient guefdez comme un aldeguo & garance, en fuite de la meilleure forte. *Pied de guefde & garance pour les étofes de prix.*

CLXXIX.

LES draps du Sceau, de Berry, de Sigovie, de Roüen, de Dieppe, Fefcan, Carcaffonne, Sedan, ratines fines de toutes façons, ferges de Sigovie & de Limeftre, & ferges à deux envers, & autres étofes femblables, de quelle largeur & fabrique qu'elles foient, qui feront depuis le prix de quatre livres dix fols l'aune jufques à celuy de douze livres l'aune, doivent eftre guefdées d'un bleu-pers, & un peu moins garancées que les autres cy-deffus ; & pour ceux qui feront au deffous dudit prix de quatre livres dix fols l'aune, elles feront guefdées du moins comme un bleu-pers fans eftre garancées.

CLXXX.

LES droguets de laine fine, appellez droguets demy foulez, les ratines eftroites, cordelats d'Aignan, & autres étofes femblables d'une demie aune ou deux tiers de large, qui excederont le prix de trois livres l'aune, doivent eftre guefdez d'un bleu-pers, & garancez de mefme les draps, ferges & ratines cy-deffus, attendu leur prix & peu de largeur.

CLXXXI.

LES draps, ferges & ratines de quelle largeur, fabrique & qualité qu'elles foient, qui feront depuis le prix de trois livres *Pied de guefde*

sans ga-
vance pour
les étofes
au deffous
de 4. liv.
10. fols.

l'aune, jufques à celuy de quatre livres dix fols doivent eftre guefdez comme un bleu-pers , & ceux qui feront de moindre prix,
comme un bleu de roy fans eftre garancez.

CLXXXII.

L e s ferges de Londres, ras de Châlons & de Reims, rafes polhi-
laire, & façon de feigneur de Nifmes ou Ufez, rafes fines d'Alby,
Caftres & Montauban , rafes , croifées , fortes ou façon de feigneur de S. Gaudens, ferge de Rome, ferge façon de feigneur,
ferge de Sommiere , ferge eftroite à deux envers, barracans de
Flandre , burats doubles de faint Gaudens , & autres pareilles &
femblables étofes de moyenne largeur , de quelle fabrique qu'elles foient qui excederont le prix de quarante fols l'aune, doivent
eftre guefdées comme un bleu - pers fans eftre garancées.

CLXXXIII.

L e s moyennes ratines de Beauvais , revefches ou bayettes,
ferges ou molletons d'Angleterre, ferge de Moüy, Merlou, Aumalle , Creve-cœur , ras de S. Lô , rafe de faint Gaudens, lingette
de Caën & Falaife , camelots d'Amiens, Arras & l'Ifle, bayette de
Caftres & de la burguiere, petites ratines de Sommiere, Cadis, Da-
niane, crefpon de Caftres , & toutes autres fortes d'étofes de moyenne largeur , de quelle fabrique qu'elles foient, & qui feront depuis
le prix de vingt-cinq fols l'aune jufques à celuy de quarante fols
l'aune, doivent eftre guefdées du moins comme un bleu-turquin
fans eftre garancées.

CLXXXIV.

Pied de
guefde
pour les
étofes de
petit prix.

R e v e s c h e d'Amiens & de Valentine de deux tiers, ferge
de Chartres, Nogent & façon de Chartres, cordelats du Cré, petits frifons & cadis de Nifmes, ferge d'Aumalle de deux tiers, étamines d'Amiens , du Lude , de Reims, petits burats de S. Gaudens
& d'Auvergne, rafes non croifées, & cadis de faint Gaudens , &
toutes autres petites étofes qui feront depuis douze jufques à vingt-
cinq fols l'aune, doivent eftre du moins guefdées comme un celefte.

CLXXXV.

L e s cadis & frifons Dupuy du Gevaudan, petit cordelats de
S. Genies, burattes d'Auvergne, ferges de S. Flour & autres petites étofes qui n'excederont pas le prix de douze fols l'aune, doivent eftre guefdées comme un bleu mignon , qui eft la moitié de
la nuance d'un bleu celefte ; & fera obfervé que le prix de toutes
lefdites étofes cy-devant exprimées eft entendu pour les étofes en
blanc.

CLXXXVI.

CLXXXVI.

Toutes les laines servant au meslange, doivent estre guef- *Laines de* *meslange.*
dées sur le mesme pied des étofes, où elles entrent dans le mélange sans estre garancées, pour avoir une teinture sortable à leur
qualité; les bonnets doivent avoir le guefde sur le mesme pied *Bonnets.*
de la laine, & les bas d'estame qui excederont trois livres la pai- *Bas d'esta-* *me.*
re, doivent avoir pour estre teints suivant leur qualité, le guefde
comme un bleu de roy; ceux depuis quarante sols jusques à trois livres comme un turquin, & les autres de plus bas prix comme un ce-
leste; mais pour les laines filées servant aux ferrandines & autres *Laines fi-* *lées.*
ouvrages où la laine se couvre, il suffira qu'elles soient guefdées
comme un bleu celeste, ce pied estant suffisant pour donner à ces
sortes de marchandises la perfection du noir.

CLXXXVII.

Il doit estre loisible aux Teinturiers du grand & bon teint *On peut*
d'augmenter le pied de la couleur des étofes, soit du pastel seul, *augmen-* *ter, non*
ou soit du pastel avec la garance, & aux Marchands de faire aus- *pas dimi.*
si donner le pied plus fort à leurs étofes en payant l'avantage; *nuer le* *pied, soit*
mais il doit estre défendu, tant aux Teinturiers qu'aux Marchands *du pastel*
de diminuer ou faire diminuer le pied du pastel ny de la garance *ou pastel*
de leurs étofes, qui doit estre du moins en la forme susdite, pour *& garance*
estre censées de bonne teinture.

CLXXXVIII.

Et afin que personne ne se puisse excuser du pied qu'ils se- *Echantil-*
ront obligez de donner à chaque sorte d'étofe, il doit estre teint *lons, ma-* *trisse en*
des échantillons de quatre aunes d'étofes de chaque sorte de pied, *reserve*
soit du pastel seul, ou soit du pastel avec la garance, pour estre *dans cha-*
mis la moitié dans le Bureau de chaque Communauté des Mar- *que Bu-* *reau.*
chands & des Teinturiers pour servir de matrisse, & pour y avoir
recours en cas de besoin ou de contestation.

CLXXXIX.

Il seroit inutile de faire donner un bon pied aux étofes, mar- *Les étofes*
chandises & laines, soit du pastel seul, soit du pastel avec la ga- *qui ont un* *bon pied*
rance, si on ne leur faisoit donner en suite un bon noir en l'en- *doivent*
gallant, & noircissant bien à propos avec suffisante quantité de gal- *aussi rece-* *voir un*
le, sumac, & au défaut du sumac avec rodoul & fovic, & puis *bon noir.*
le faisant noir sur le mesme bain avec suffisante quantité de bois
d'inde & couperose avec tant soit peu de vert de gris, le bois *Et de* *quelle fa-*
d'inde ayant esté separement boüilly, le laissant prendre à loisir *çon.*
en le levant & éventant souvent, on aura par ce moyen un noir
plus beau, plus doux, plus assuré, & de meilleur usage que si on
n'avoit pas mis du bois d'inde dans le noir; le bois d'inde en

P

s'affeurant & en fe rendant bon par le moyen de la galle & de la couperofe, les rend auffi meilleurs, & les affure davantage dans le noir, le bois jaune eft auffi fort bon dans le noir.

CXC.

Les étofes doivent eftre au large dans le noir.

ON doit eftre inftruit qu'il ne faut pas feulement fuffifance de galle, fumac, couperofe ou bois d'inde, ou du rodoul & fovic au lieu du fumac pour faire un beau & bon noir, mais qu'il faut encore que les étofes foient au large, & non pas trop preffées dans la chaudiere, afin qu'elles fe puiffent unir, & qu'ils ne fe chiffonnent, ny ne fe bruflent pas plûtoft que teindre.

CXCI.

Le noir doit eftre bien lavé, foit du guefde ou du noir pour ne fallir pas le linge.

POUR empefcher que le noir ne noirciffe, ou rende bleûaftre le linge, il faut que les étofes foient bien dégraiffées & dégorgées, avant de commencer à les teindre, que la cuve foit bien en œuvre, quand on luy donnera le bleu, & que le bleu ne foit pas d'inde feule ou employée dans un troifiéme ou quatriéme rechaux, parce que tout cela empefche que la teinture ne s'attache pas à l'étofe qui la rejette fur le linge, que l'étofe foit auffi tres-bien lavée du bleu, & le noir eftant parfait, il le faut bien auffi laver, & s'il fe peut mefme dans quelque leger foulon, puis qu'un noir tant plus il eft noir, eft auffi plus difficile à laver, il faut auffi paffer les étofes de prix fur un gaude pour le mieux rabattre, nettoyer & adoucir.

CXCII.

COMME la quantité & le poids des drogues que le Teinturier du petit teint fera obligé de mettre dans le noir, ne peut eftre reglé que fur les lieux, fur la longueur, largeur, fineffe, bonté, & qualité de la marchandife, qui doit autant varier que l'étofe recevra de pieds differents, & qu'il eft mefme à craindre que le Teinturier du petit teint ne retranche partie de la dofe, qui aura efté établie pour profiter aux dépens de la couleur & de l'étofe.

CXCIII.

Le poids des drogues pour le noir doit eftre reglé entre le bon & le petit teint,

Vifite dãs le petit teint.

IL eft neceffaire qu'à mefme temps que la feparation des teints fe feront, que le poids des drogues que le Teinturier du petit teint fera obligé de mettre fur chaque forte d'étofe, qu'ils ont accoûtumé de teindre en noir dans chaque Ville, foit auffi reglé entre les Teinturiers du grand & du petit teint, & ordonner aux Jurez Teinturiers du grand & bon teint d'aller du moins deux fois tous les mois en vifite chez les Teinturiers du petit teint, pour prendre garde à la qualité & quantité des drogues qu'ils employeront, & à la façon de les employer, afin que les étofes à qui ils auront donné un bon pied, reçoivent auffi un bon noir; que fi les Tein-

turiers du grand & bon teint ne peuvent pas convenir avec le **Tein-**
turier du petit teint, de la dose necessaire à chaque sorte d'étofe, les
Juges des Manufactures, ou le Commis les pourra ajuster ou regler
sur les raisons des uns & des autres , ou suivant ce qu'ils avoient
accoûtumé d'en user auparavant.

CXCIV.

Pour obliger les Teinturiers du petit teint à mettre la quantité des drogues, & la façon necessaire au bon noir, il sera bon de
faire teindre à communs frais sur les pieds du bon teint avec la dose,
qui aura esté reglée, trois ou quatre aunes de chaque sorte d'étofe,
où le pied doit estre different en noir, dont un tiers demeurera à la
Communauté du petit teint, l'autre tiers à la Communauté du grand
& bon teint, & l'autre tiers à celle des Marchands, pour servir de
matrisse & de regle, pour juger de la bonté , de la couleur, soit à
l'œil soit au débouïlly.

Echantil-lons en matrisse de chaque sorte de noir , qui seront mis dans chaque Bureau.

DIXIE'ME PARTIE.

LE PIED ET LA FAÇON DU NOIR POUR les étofes qui seront changées de couleur, la façon & le noir des étofes qui doivent estre ramendées, & des laines servans aux meslanges , avec les moyens pour rabaisser le prix de leurs couleurs, & celuy des petites étofes , ensemble la fa-çon & les drogues necessaires pour le débouïlly.

CXCV.

Comme les quatre premieres couleurs simples, qui sont le
bleu, le rouge , le jaune & le fauve peuvent estre comparées
aux quatre élemens, les trois premieres aux transparans & luci-
des, & le dernier à l'oppacité de la terre ; de mesme le noir peut
estre comparé à la nuit & à la mort , puisque toutes les autres couleurs se brunissent & s'ensevelissent dans le noir ; mais
comme la mort donne la fin à tous les maux de la vie, il est aussi necessaire que le noir donne la fin à tous les défauts des couleurs qui arrivent par le manque du Teinturier où de la teinture, ou de l'usage qui change, suivant le temps & le caprice des
hommes.

Les qua-tre pre-mieres couleurs comparées aux qua-tre élemés, & le noir à la nuit ou à la mort.

Le noir doit estre la fin de tous les défauts des cou-leurs.

CXCVI.

Par ainsi n'estant pas ny raisonnable ny utile au public,
qu'une étofe qui manquera de debit faute de la couleur, demeure la proye du ver & de la teigne dans un magazin , pendant

Couleur qui n'est pas en usa-

qu'on la peut vendre en la faifant teindre en noir. Il eft neceffaire en donnant la faculté de pouvoir mettre les étofes des couleurs gaftées, ou qui ne font plus en ufage, en noir ou en autre couleur plus obfcure que la premiere, de pourvoir à ce qu'elles foient
teintes & achevées en la meilleure façon qu'il fe pourra pour la bonté & beauté de la couleur, & pour la durée de l'étofe.

C X C V I I.

Pour parvenir à ce but, il eft neceffaire d'obferver le premier
pied de la couleur, pour luy donner à propos le fecond, & pour l'a-
chever, fi ce premier pied eft fuffifant pour la perfection du noir,
par ainfi fi ce pied eft d'un bleu pafle, il le faut mettre au point de
la nuance neceffaire à l'étofe pour la mettre en noir, ou pour la garancer, fi la bonté de l'étofe le requiert, fi c'eft un rouge il luy faut
donner le bleu neceffaire, que fi c'eft un jaune, il luy faut donner
le bleu, ou le bleu & le rouge, fi l'étofe le requiert avant de le faire noir.

C X C V I I I.

Que fi c'eft une couleur qui ait efté racinée & brunie fans a-
voir efté boüillie, il fe faut bien garder de faire boüillir l'étofe pour
la garancer, parce que l'acritude de l'alun durciroit la laine dans
le boüillon, & difpoferoit les étofes à fe brufler dans le noir, à caufe de l'acritude de la premiere couleur ; mais en ce cas, il fe faut
contenter de la faire bien guefder, apres avoir fait paffer l'étofe
dans deux ou trois vieilles cuves pour l'adoucir, & luy faire dé-
charger autant qu'il fe pourra l'acritude de la premiere couleur,
qui pourroit auffi nuire, & faire perdre la bonne cuve, le guefde
mis de cette façon adoucira l'étofe, & en affeurera fuffifamment
la couleur.

C X C I X.

Il eft important de fçavoir bien mefnager le noir qu'on donnera aux étofes, qui auront receu la premiere couleur avec des drogues acres, & fe bien garder de les faire boüillir dans la galle, ny
dans le noir ; mais afin de leur faire prendre la couleur à froid, il
faut apres avoir fait boüillir la galle & le fumac avec du bois d'inde, ofter le feu de deffous la chaudiere, pour y mettre les étofes,
qu'on laiffera engaller en les remuant de temps en temps fans
aucun feu, pendant dix ou douze heures, puis on les pourra lever, & éventer pendant qu'on fera réchauffer le bain, pour y remettre les étofes de la mefme façon, & pour autant de temps que
la premiere fois.

C C

Pour les faire noires, il faut apres les avoir levées & éventées
de

de l'engallage, faire bien réchaufer le mesme bain, & y remettre *Leur noir.* encore d'autre bois d'inde qu'on aura fait cuire à part, & laissé refroidir pendant trois ou quatre jours, & estant suffisamment chaud y mettre la couperose qu'on laissera bien fondre & incorporer avec les autres drogues, puis on tirera le feu & on y mettra les étofes qu'on remuera bien du commencement pour les unir, & apres de temps en temps pendant vingt-quatre heures on pourra les lever & éventer, afin de réchauffer un peu le bain pour l'y remettre ensuite, pour autant de temps ou davantage, il vaut mieux que le bain soit plus froid que trop chaud, & qu'on n'y épargne pas la galle ny le bois d'inde, afin que les étofes soient plus douces, le bois jaune est encore bon à ces sortes de noirs.

<h3 style="text-align:center">C C I.</h3>

O n se peut servir du verdet pour mieux faire prendre le bois *Verdet.* d'inde dans le noir, mais si on y en met trop, ou qu'on le fasse trop cuire en réchauffant le bain, il rend dures & gommeuses les étofes, les plus experimentez s'en peuvent servir efficacement, & les autres s'en pourront instruire en lisant ces deux articles, qui en leur découvrant le mal, leur en enseignera le remede, ces façons de noirs s'engalleront, & se feront noirs bien plus commodement dans une cuve de bois que dans une chaudiere qui ne serviroit en ce cas que pour faire cuire les drogues & réchauffer les bains.

<h3 style="text-align:center">C C I I.</h3>

M a i s comme plusieurs se pourroient servir de cet expedient, *Rosette marque du reteint.* pour priver les étofes du pied necessaire, & pour faire passer un reteint pour une couleur qui auroit esté faite dans les formes, il est necessaire que le Teinturier du bon teint laisse une rosette de la couleur en laquelle estoit l'étofe, avant qu'il ait commencé de la reteindre, & le Teinturier du petit teint une autre de la couleur qu'elle estoit apres le pied du bon teint, avant que de l'engaller, & de luy donner le noir; que si cette étofe avoit une rosette blanche, elle pourra aussi estre laissée apres avoir receu la teinture du pied du guesde ou garance du bon teint pour une plus ample justification de la bonté du pied qu'on luy aura donné.

<h3 style="text-align:center">C C I I I.</h3>

L e s étofes noires qu'on aura condamné d'estre amendées, *Etofes ramendées en noir, comment.* pour n'avoir pas esté teintes suivant les Reglemens, & qu'on aura ordonné de faire reteindre, ne se peuvent guesder ny garancer sans un degradement tres-sensible de l'étofe, & de la couleur, & ayant esté engallées on ne les sçauroit aussi réengaller sur le noir sans durcir l'étofe, & sans en abreger la durée.

Q

C C I V.

MAIS afin que les étofes foient reteintes d'un auffi beau &
bon noir qu'il fe peut fans degrader les étofes, ny tromper le public, il faut faire boüillir pendant trois ou quatre heures fuffifante
quantité de bois d'inde, & ayant rafraîchy le bain, y mettre dedans de bonne galle pilée un tiers moins que du bois d'inde avec
fort peu du fumac, faire reboüillir encore trois heures le tout enfemble, puis ayant encore rafraîchy le bain, on y mettra peu de
couperofe qu'on laiffera bien fondre & incorporer avec le refte,
puis ayant ofté le feu de deffous la chaudiere on déliera un peu
de verdet dans le mefme bain, & on y mettra enfuite les étofes
qu'on remuëra, levera, éventera & réchauffera de mefme qu'il a efté
fpecifié pour les autres noirs aux articles 198. & 199 de cette Inftruction, la cuve de bois feroit encore plus propre pour ces repaffa-
ges de noirs que la chaudiere, au defaut du fumac, on fe peut fervir
du rodoul & du fovic, on fe peut encore fervir du bois jaune.

Cuve de bois pro-pre pour les noirs qui font longs à faire.

C C V.

IL y a trois chofes dans les noirs qu'on fait à prefent pour les
laines qui les dégradent, les durciffent, & qui les empefchent de fe
bien peigner & de fe rendre flexible pour eftre filées, & qui en fait
refter prefque au double en plis & en pignons.

Caufes du dégrade-ment des laines noi-res fer-vans aux mélanges.

C C V I.

LA premiere, c'eft le pied de la racine qu'on luy donne, qui
eft le principe de ce mauvais effet.

C C V I I.

LA feconde, c'eft la trop grande quantité de couperofe qu'on
eft obligé d'y mettre, faute d'y avoir mis le paftel ou guefde qui
l'augmente.

C C V I I I.

ET la troifiéme, c'eft qu'on les laiffe trop boüillir, foit dans
l'engallage ou foit dans le noir, dans lequel on n'a pas mis du bois
d'inde qui fait prendre le noir plus à froid qui l'acheve.

C C I X.

LES moyens de remédier à cela, & d'avoir les laines teintes en
perfection fans eftre durcies ny dégradées par le premier pied par
l'engallage, ny par le noir qu'on luy donne en fuite, font,

Remede à cela.

C C X.

PREMIEREMENT, qu'au lieu du pied de la racine qui les durcit, il faut mettre le pied avec le paftel ou guefde qui les adoucit
plus ou moins fort, fuivant que la laine pour eftre plus groffiere ou
plus fine pourroit entrer dans les étofes de grand ou de petit prix.

CCXI.

Secondement, il faut faire bien boüillir la galle & le su-mac ensemble, & au defaut du sumac avec le rodoul ou fovic, & puis y mettre du bois d'inde qu'on aura fait cuire à part y mettre ensuite les laines, & ne leur donner qu'une chaleur moderée, & les tenir long-temps dans l'engallage sans les faire boüillir, parce que le boüillir les feultre, puis les ayant levées & éventées de l'engal-lage, mettre dans le mesme bain du bois d'inde avec tant soit peu de verdet, & un tiers ou moitié moins de ce qu'on avoit accoûtu-mé d'y mettre de la couperose, mettre apres les laines, les tenir long-temps dans le noir en les levant & éventant deux fois, & ne leur donner que fort peu de chaleur, on aura par ce moyen un noir fort doux, des laines fort flexibles, & qui ne perdront rien de leur estain ny n'augmenteront pas leurs plis ny leurs pignons, le noir fait de cette façon épargnera bien des laines & de l'argent en France.

CCXII.

Toutes les laines servans au meslange devans estre teintes sur le pied des étofes où elles entrent dans le meslange; & leurs cou-leurs n'ayant pas besoin d'estre ny si vives, ny si éclatantes comme celles des étofes pour diminuer autant qu'il se pourra le prix de leurs couleurs sans en alterer la bonté, il est necessaire que tous les rouges des laines fines & mediocres qu'on avoit accoûtumé de fai-re avec le bresil, se fassent avec la garance, dont la couleur qui est bonne n'est guere plus chere que celle du bresil qui est fausse.

Moyens propres pour di-minuer le prix des couleurs des laines de mélan-ge.

CCXIII.

Que les violets colombins, pourpre, pensée, fleur de lin, gris argenté & couleurs semblables de mesme laine de meslange qu'on avoit accoûtumé de teindre avec le bois d'inde & le bresil, ou avec le guesde & le bresil soient guesdez chacun suivant leurs nuances avec pastel & indigo, ou avec voüede & indigo, puis boüillis avec alun & gravelle, les gris la moitié moins que les au-tres, & en suite cochenillez avec la petite cochenille campessian-ne ou silvestre; & pour en diminuer davantage le prix, on les peut augmenter d'un pied de garance dans le boüillon aussi grand que les couleurs le pourront souffrir suivant le quarante-huitiéme ar-ticle de cette Instruction.

CCXIV.

Il se faut plûtost servir du guesde avec la garance que du gues-de avec la cochenille silvestre ou campessianne dans les gris & raci-nages des laines de meslange de prix, tant parce que la petite rous-seur que leur donnera la garance servira d'un commencement de racine, que parce que la couleur en sera aussi bonne & à meilleur

marché, que si la couleur veut estre rosée, il est necessaire de se servir en ce cas d'un peu de cochenille, silvestre ou campessianne pour
assortir leurs couleurs à leurs nuances.

C C X V.

Pour les tanez, roses seches, amarantes & autres couleurs semblables & de même nuance des laines fines & mediocres servans aux
meslanges, il est necessaire qu'ils soient guesdez avec pastel, guesde &
indigo, & soient boüillis avec alun & gravelle, puis garancez avec
bonne garance, & ensuite passez sur la fin d'un cochellinage de campessianne ou silvestre, si le rabat que le Teinturier de bon teint luy
pourra donner dans une cuve de pastel ou guesde ne rose pas assez
la couleur pour la mettre à sa nuance.

C C X V I.

Il seroit inutile de parler des gris qui se font avec la galle &
couperose, ny des fauves qui se font avec la racine, écorce de noyer,
& coque de noix, puisque le petit œil ou rabat de garance ou cochenille que le Teinturier du bon teint leur pourra donner du reste de ses bains aux couleurs où il sera necessaire, ne sçauroit augmenter sensiblement le prix de leurs couleurs, mais il faut défendre
à toutes sortes de Teinturiers, drapans ny autres de se servir de la
chaux ou cendres vives dans les racinages pour faire rougir & augmenter la couleur des fauves, parce que cela durcit & brusle les laines & les etofes.

C C X V I I.

Façon
particu-
liere estât
bonne doit
estre per-
mise.

Il doit estre loisible aux Teinturiers du bon teint, qui auront
quelque secret ou façon particuliere pour diminuer le prix des couleurs des laines des meslanges fines & mediocres sans les dégrader, ny sans alterer la bonté de leurs couleurs, & sans les desassor-
tir de leurs nuances de s'en servir apres qu'ils en auront fait connoistre l'avantage, & obtenu la permission, pourveu qu'ils ne se
servent pas pour cela du bois d'inde, bresil ny orseille ny des autres drogues qui leur sont défenduës, & qu'il n'est pas loisible
d'employer dans les laines fines & mediocres servans au mélange.

C C X V I I I.

Laines
grossieres.

Les laines grossieres, ou qui servent dans le meslange des
étofes, qui n'excedent point trente sols l'aune, doivent estre teintes sur le pied des étofes de bas prix où elles entrent dans la fabrique pour avoir une couleur qui ne soit pas trop chere, & qui
soit sortable à leur qualité, sçavoir tous les gris & racinages avec
la galle, couperose, racine de noyer, bois d'inde & orseille suivant le 74. article de cette Instruction, les violets colombins,
pourpre

pourpre, gris de lin & couleurs semblables avec pastel, alun, gravelle, cochenille campessianne ou silvestre, & garance, suivant l'article 211. de cette Instruction, les tanez, rose seche, amarante avec *Petites*
le guesde, alun, gravelle & garance, suivant l'article 213. de cette *étofes.*
Instruction; mais pour les violets, colombins, gris de lins, amarante, tané, rose seche & couleurs semblables des petites étofes &
laines filées de bas prix, on se peut servir du bain, de la bourre ou
de l'orseille pour en diminuer davantage le prix, suivant les 52. &
72. articles de cette mesme Instruction, sans que cela puisse servir
de consequence pour les laines de meslange qui doivent estre teintes, suivant les articles 111. & 113. de cette mesme Instruction, ainsi
qu'il a esté specifié cy-dessus.

C C X I X.

O N doit estre instruit que par ces mots de guesder ou d'em- *Empaste-*
pasteler se doit entendre donner le bleu aux laines ou étofes; & *ler &*
quoy qu'on ne nomme souvent que pastel ou guesde, cela suppose *guesder,*
le pastel ou le voüede avec l'indigo meslez ensemble, suivant les 8. *signifient*
9. 10. & 11. articles de cette Instruction, comme sous le nom de la *mesme*
galle seule, on doit entendre aussi le sumac, le rodoul & le fovic *chose.*
qui sont trois ingrediens servans à engaller, quoy que l'un soit
plus propre pour certaines couleurs que l'autre, de mesme sous la
racine seule, on doit aussi entendre l'écorce, feüille de noyer &
coque de noix, qui sont trois ingrediens provenans d'un mesme
arbre, & qui servent tous à la couleur du fauve.

C C X X.

L E déboüilly estant l'épreuve qui fait connoistre la bonté ou *Déboüilly*
la faussetté des couleurs, comme la coupelle, la bonté ou la fausseté des metaux, & les couleurs ne se pouvans verifier qu'apres qu'elles ont esté faites, il a esté jugé à propos de mettre en dernier lieu
le déboüilly dans cette Instruction, afin qu'ayant plûtost veû la
façon, les pieds & les drogues necessaires pour la perfection des
couleurs, on puisse apres faire par le déboüilly un jugement plus
solide de leurs bontez ou de leurs défauts.

C C X X I.

Q U O Y qu'on se serve du déboüilly pour la justification du *La preu-*
pied d'une étofe noire, la preuve n'en est ny si claire ny si facile, *ve plus*
comme par le moyen des rosettes, dont la simple veuë monstre la *claire par*
force ou la foiblesse du pied qu'on aura donné à l'étofe, ainsi qu'il *les roset-*
est specifié dans l'article 107. & les suivans de cette Instruction. *tes que*
par le dé-
C C X X I I.
boüilly

L E bon guesde bien appliqué sur une étofe estant achevée en noir *Façon du*
ne perd point du tout dans le déboüilly & la garance fort peu, *déboüilly.*

R

ainſi quoy qu'on püſt augmenter la doſe pour le bleu, il ſe faut
contenter pour faire le tout uniforme de meure avec ſuffiſante
quantité d'eaux ſures, auſſi peſant d'alun, & auſſi peſant de tartre comme peſeront les échantillons noirs qu'on voudra déboüillir.

CCXXIII.

Et cela fait, faiſant boüillir les échantillons demie heure
dans les eaux ſures avec l'alun & le tartre en la ſuſdite quantité,
les échantillons noirs dont les étofes auront eſté gueſdées comme un aldego ou bleu-pers deviendront bluaſtre, tirant ſur le vert-
brun, olivaſtre, le premier plus obſcur que l'autre; que s'ils ont
eſté gueſdez & garancez, l'un deviendra minime, & l'autre plus
terny que la couleur de Prince.

CCXXIV.

Les échantillons des étofes qui auront eſté gueſdez comme
un bleu de Roy ou bleu turquin eſtant déboüillis de la meſme façon deviendront comme un vert-brun, olivaſtre, beaucoup plus
clair & plus verdiſſant que les autres cy-deſſus; mais ceux qui n'auront eſté gueſdez, que comme un celeſte deviendront comme un
petit bleu verdiſſant ſur l'olive, & ceux qui l'auront eſté comme
un bleu mignon ou bleu mourant, deviendront comme un mer-
de-d'oye.

CCXXV.

Les échantillons des étofes noires qui n'auront eſté gueſdées
ny garancées, déboüillis de la meſme façon, ne verdiſſent point,
mais deviennent d'une couleur entre jaune & fauve.

CCXXVI.

Les échantillons des étofes noires qu'on aura gueſdées, &
mis de la racine au lieu de la garance, eſtant déboüillis en la forme ſuſdite, n'ayant aucun œil de rouge, deviendront comme un
gris d'ours olivaſtre, plus ou moins obſcur & rouſſiſſant, ſuivant
qu'on y aura plus ou moins donné du gueſde ou de la racine; que
s'ils n'ont point eſté gueſdez, mais ſeulement racinez, ils deviendront comme une couleur de muſc ou noiſette terny.

CCXXVII.

Mais comme les échantillons peuvent changer plus ou moins
dans le déboüilly, ſoit par la force des drogues du pied de l'engallage, ou du noir qu'on aura donné à l'étofe, ou ſoit meſme
par le déboüilly, qui empeſcheroit la ſolidité du jugement qu'on
pourroit donner ſur la bonté ou fauſſeté de la couleur, il eſt neceſſaire pour l'entiere juſtification de la choſe, de déboüillir avec
les échantillons ſuſpects, un échantillon de la couleur matriſſe

qu'on aura reſervée, & de laquelle on eſt aſſeuré de la bonté, afin qu'ayant eſté déboüillis enſemble on puiſſe juger par la comparaiſon de l'un avec l'autre de la bonne ou mauvaiſe qualité du noir. bouïlly a-
vec les
échantil-
lons ſuſ-
pects.

CCXXVIII.

Ce ne ſeroit pas aſſez de faire voir par le déboüilly, ſi le pied ſoit du gueſde ſeul, ou du gueſde avec la garance, a eſté donné fidellement ou non par le Teinturier du bon teint aux étoſes, qui auront eſté teintes en noit, ſi on ne faiſoit auſſi voir autant qu'il ſe pourra par un autre déboüilly, ſi elles ont eſté bien engallées & noircies, & avec les drogues neceſſaires par le Teinturier du petit teint, ſuivant la doſe qui aura eſté reglée entre les Teinturiers du bon teint, & ceux du petit teint, ſuivant l'article 193. de cette Inſtruction. Déboüilly
pour ju-
ſtifier du
bon ache-
vement
des noirs.

CCXXIX.

Et quoy qu'il ne faille jamais venir au déboüilly pour l'achevement des noirs, tant qu'on pourra bien juger à l'œil, & au maniement de l'étoſe, ſi le noir a eſté bien donné en le comparant avec la couleur matriſſe, qui aura reçeu le meſme pied, ſuivant l'article 194. de cette Inſtruction ; ce neantmoins ſi l'œil n'eſtoit pas ſuffiſant, & que le noir fut en conteſte, il ſe faudra ſervir d'un demy déboüilly, qui ſe fera avec ſuffiſante quantité d'eaux ſures, & avec la moitié moins peſant d'alun, & la moitié moins peſant de tartre, que ne peſeront les échantillons des étoſes qu'on voudra verifier, & l'échantillon qu'on prendra de la couleur matriſſe qu'il faudra faire déboüillir enſemble pendant demie heure, pour la comparer apres qu'ils ſeront déboüillis l'un avec l'autre.

CCXXX.

Que ſi ce déboüilly eſt encore trop fort, & qu'il enleve auſſi bien le noir de l'échantillon matriſſe que des autres, il le faut encore affoiblir en retranchant la moitié de l'alun & du tartre, & la moitié du temps qui ſera un quart d'heure pour le déboüilly.

CCXXXI.

Le bleu ne manque jamais ſi la couleur en eſt bonne, il ſe peut déboüillir de la meſme façon, & avec la meſme quantité des drogues que le noir de l'article 221. 222. de cette Inſtruction, que s'il change, ou perd ſenſiblement la couleur, c'eſt ſigne qu'il a eſté falſifié. Pour le
bleu.

CCXXXII.

La cochenille ne s'attachant pas ſi bien à l'étoſe comme le bleu, les couleurs qui en ſont teintes ne doivent eſtre déboüillies qu'avec le quart peſant d'alun & auſſi peſant de tartre, comme peſeront les échantillons, & on ne les doit laiſſer boüillir que demy quart d'heure. Pour le
cramoiſy.

CCXXXIII.

POUR le débouïlly de toutes les autres sortes de couleurs, il faut pour en connoistre le pied, mettre aussi pesant d'alun, & aussi pesant de tartre, comme peseront les échantillons, & les laisser boüillir demie heure; il faut dans toutes sortes de débouïlly mettre un échantillon de la couleur matrisse pour le débouïllir ensemble avec les autres; afin que par la comparaison on puisse mieux juger de la bonté ou de la fausseté de la couleur.

CCXXXIV.

MAIS parce qu'il y a plusieurs couleurs quoy que bonnes, qui ne sçauroient supporter l'entier débouïlly, il sera bon d'en couper un petit morceau de chaque échantillon lors qu'ils auront débouïlly un petit quart d'heure pour les comparer avec l'échantillon matrisse, duquel on coupera aussi un petit morceau à demy débouïlly; & pendant qu'on le verifiera, on pourra remettre le reste des échantillons pour l'autre quart d'heure qu'ils restoient à débouïllir, afin que par la comparaison des uns & des autres, avec l'échantillon matrisse, on puisse mieux juger de la bonté ou de la fausseté de la couleur; il en faut user de mesme dans toute sorte de débouïlly pour une plus grande precaution.

CCXXXV.

N'ESTANT pas moins necessaire de vérifier si les étofes mediocres & de prix, qui sont faites des laines de meslange ont une bonne couleur comme si elles sont de la longueur, largeur & qualité requise. Il seroit bon pour empescher les intelligences qui se pourroient former entre les Marchands facturiers ou drapans, avec les Teinturiers pour les fausses couleurs des laines de meslanges, que les étofes estant portées à la Halle apres estre foulées pour y estre visitées sur leurs longueurs, largeurs & qualité, elles fussent aussi visitées sur la bonté ou fausseté de leurs couleurs, puis que l'un n'importe pas moins que l'autre, ce qui se pourroit aisément aux couleurs qu'on jugeroit suspectes par un quart de débouïlly d'un demy quart d'heure avec trois quarts moins pesant d'alun, & trois quarts moins pesant de tartre, comme peseront les échantillons des étofes qu'on voudra débouïllir; que si c'est pour juger du pied du noir des laines qui sont entrées dans le meslange, il faut doubler le poids des drogues, & le temps du débouïlly; que si ces couleurs sont trouvées bonnes, elles pourront estre marquées d'un sceau où le nom de la Ville & du facturier sera gravé, & ces mots, *Bonne teinture de meslange*; que si elle se trouve de fausse couleur, il sera besoin d'en user de mesme que des autres étofes dont la couleur se trouvera fausse, puisque l'un ne cause pas moins de dommage que l'autre.

ONZIE'ME

ONZIEME PARTIE.

DE LA TEINTURE DU FIL ET TOILES,
soit de chanvre, lin & coton, avec ce qui seroit encore necessaire pour la perfection de la teinture de la soye; ensemble pour la fabrique & la bonne teinture des chapeaux.

CCXXXVI.

LEs Reglemens generaux du 13. Aoust 1669. s'estant assez *Teinture* étendus, & ayant suffisamment pourveu à la teinture du fil *du fil.* & des toiles, soit de lin, soit de chanvre ou de coton, il seroit inutile d'en parler davantage dans cette Instruction; mais quoy *Et de la* que les mesmes Reglemens generaux & une Instruction particu- *soye.* liere des plus utile & judicieuse qui a esté dressée du depuis, pour faire teindre la soye de noir leger, & pour empescher la surcharge de la galle que l'on mettoit aux soyes, par un abus tres-prejudiciable au public, semblent avoir donné la derniere main à la bonne teinture de la soye; il seroit neantmoins encore necessaire pour entretenir la fidelité du commerce, & pour met- *Marqué* tre en estime les bonnes couleurs de la soye, attendu que les cou- *pour le* leurs qui ne sont pas cramoisies se ressemblent & sont souvent *cramoisy* plus belles & plus éclatantes dans leur commencement, que cel- *necessaire,* les qui sont veritablement cramoisies, d'en faire la difference par quelque marque, afin que le public n'y fut pas trompé.

CCXXXVII.

POUR y parvenir, il seroit necessaire de défendre à toutes sor- *Pour les* tes de Marchands, de vendre ny exposer en vente, ou debiter au- *soyes.* cune soye pour cramoisy, qu'elle ne fut premierement (outre la marque ordinaire) marquée sur la pantine de la botte ou cordon- net d'un plomb ou marque, où seroit d'un costé son nom, & de l'autre cramoisy, avec le nom ou chiffre de la Ville où elle aura esté teinte, afin que la soye se trouvant mal teinte on puisse avoir recours contre le Marchand qui l'aura venduë; & au regard du recours du Marchand contre le Teinturier, il doit s'en expliquer lors que la soye sera veuë, visitée & marquée au sortir de la tein- ture dans le Bureau destiné à cet effet.

CCXXXVIII.

ET n'estant pas moins necessaire de se precautionner pour les *Et pour* étoffes, dont l'éclat d'une mauvaise couleur fait souvent donner *les étoffes* la preference sur une bonne, par l'ignorance de ceux qui l'ache-

S

tent pour leur usage ; il sera bon aussi de défendre à toutes sortes d'Ouvriers ou Marchands façonniers & appareilleurs de soye,
de vendre ny exposer en vente, ou debiter aucunes étofes de
soye pour cramoisy, qu'elle ne fut aussi outre la marque ordinaire premierement marquée sur la teste, ou à tous les deux bouts,
si la piece doit estre coupée, d'un plomb où seroit d'un costé le
nom de l'Ouvrier ou du Marchand façonnier qui auroit donné
la soye pour fabriquer l'étofe, & de l'autre cramoisy avec le nom
ou chiffre de la Ville où l'étofe auroit esté fabriquée, afin que si
l'étofe n'estoit pas cramoisie, celuy qui l'auroit achetée pût avoir
recours contre le Marchand façonnier ou Ouvrier qui luy auroit
venduë.

CCXXXIX.

Bleus pâ-
les.

IL seroit encore necessaire, parce que les bleus pasles se font
plus beaux, & ne verdissent ny ne grisent pas tant, lors qu'ils sont
teints dans une cuve de pastel, comme lors qu'ils sont teints dans
une cuve d'inde, suivant le dixiéme article des Reglemens, de
laisser la liberté aux Teinturiers de soye, d'aller teindre leurs bleus
pasles dans une cuve de pastel chez les Teinturiers de draps en
payant, ou de les teindre chez eux dans leur vaisseau d'inde, ainsi
qu'ils le jugeront plus à propos ou necessaire. pour l'assortissement
de la nuance de leurs couleurs.

CCXL.

La fabri-
que & les
teintures
des cha-
peaux me-
ritent d'ê-
tre reglées.

La mau-
vaise tein-
ture des
chapeaux
enleve
beaucoup
d'argent à
la France.

ESTANT necessaire que la teinture des chapeaux soit aussi bonne que celle des étofes, elle merite bien d'estre reglée, specialement pour le noir des chapeaux de prix que les Chapeliers font à
present si legers que la teinture n'arrive pas au tiers de l'usage, sans
devenir comme un gris de more ou gris noir au grand dommage
du particulier, qui est obligé d'acheter deux ou trois chapeaux,
dont l'un seroit suffisant si la teinture en estoit bonne, ce qui est
cause que l'on employe au double de l'argent pour l'achapt des
agnelins, poil d'Austruche, de chameau, de vigogne, de castor &
autres matieres étrangeres, dont tous les chapeaux de prix sont fa-
briquez ; ce qui va tous les ans à des sommes bien considerables,
dont la bonne teinture des chapeaux en feroit du moins épargner
la moitié, qui feroit encore rabaisser le prix des matieres sur les
lieux.

CCXLI.

Moyens
generaux
pour y re-
medier.

AVANT de pouvoir bien fixer la bonne teinture des chapeaux, il seroit necessaire de bien voir & examiner avec les Chape-
peliers sur les lieux les commoditez & incommoditez des Provinces, les poils, laines & agnelins qui s'y trouvent, & les herbes, ra-

cines, drogues & ingrediens qui y croiffent , & qui peuvent eftre favorables, foit à la fabrique, foit à la teinture , ou foit au meil- leur ufage des chapeaux avec les Statuts & Reglemens de chaque Ville, pour leur donner la derniere perfection, qui fe trouvant dans les chapeaux, qui fe feront en France , les remettra en eftime , les fera defirer & donner cours dans les Eftats étrangers, d'où la fauf- fe teinture, ou mauvaife fabrique en avoit fait perdre le commer- ce, pour fur cet examen & rapport faire un Reglement general qui fervira de loy à l'avenir à tous les Chapeliers du Royaume, ce qui leur procurera du bien & un grand avantage pour le pu- blic.

CCLXII.

M A I S parce qu'il eft neceffaire en attendant d'arrefter le cours de la mauvaife teinture des chapeaux , & d'en découvrir & corri- ger les abus, enfemble d'inftruire les Chapeliers , qui ne fçavent ny la façon ny les drogues neceffaires à un bon noir, qui eft la couleur qui a plus de cours, & qui eft la plus importante pour les chapeaux, & qu'il eft d'ailleurs neceffaire de leur ayder par la lu- miere de ces principes à faire la derniere découverte de la perfe- ction, qui fe doit établir par tout le Royaume , il faut fçavoir,

CCXLIII.

Q u e pour faire un bon noir fur un chapeau , foit de laine ou de poil, il eft neceffaire de l'engaller fortement avec bonne galle d'A- lep , ou d'Alexandrie , & fort peu de bois d'inde , & le tenir fort long-temps dans l'engallage, afin que la teinture puiffe mieux pe- netrer dans le feutre, puis leur donner enfuite fur le mefme bain un bon noir avec fuffifante quantité de bois d'inde & couperofe, & peu de verdet, & laiffer auffi long-temps les chapeaux dans ce noir, afin que la teinture penetre davantage ; mais il faut que le dernier bois d'inde qu'on mettra dans le noir ait efté cuit à part, & qu'on l'ait laiffé refroidir du moins trois ou quatre jours , avant que l'employer ; il faut augmenter la dofe de la galle , & du bois d'inde à proportion que le chapeau fera de poil plus difficile à re- cevoir la teinture.

Et par la bône tein- ture noire.

Premier noir.

CCXLIV.

I l faut enfuite ou peu de temps apres faire un nouveau bain d'eau claire , dans laquelle on mettra à froid fuffifante quantité du bois d'inde , & un peu du bois jaune qu'on fera boüillir en- femble pendant trois heures , puis on mettra dans le mefme bain qu'on aura bien rafraîchy fuffifante quantité de galle pillée qu'on fera encore reboüillir enfemble avec le bois d'inde & bois jaune, pendant trois autres heures , & puis on mettra la couperofe, & en-

Second noir.

suite les chapeaux, & le bain estant un peu refroidy, on y déliera un peu du verdet, pour faire mieux prendre le bois d'inde. Il faut encore laisser long-temps les chapeaux dans ce second noir, afin que la teinture les penetre.

Troisiéme noir.

C C X L V.

Q U E si les chapeaux sont de prix ou de poil difficile à prendre la teinture, il leur faut encore donner un troisiéme noir qu'on apprestera de mesme façon que le second contenu en l'article cy-dessus; mais on pourra augmenter ou diminuer dans ce troisiéme la dose des drogues, suivant le besoin ou la bonté du noir qu'on voudra faire; que si l'œil ou le lustre du chapeau est bluastre, il faut mettre dans ce dernier noir davantage du bois jaune; que si au contraire il rougit trop, il faut retrancher du bois jaune, & augmenter du bois d'inde, & ainsi des autres drogues, suivant que l'une aura esté plus avantageuse que l'autre dans les deux premiers noirs.

C C X L V I.

L E S chapeaux ayant esté bien lavez & nettoyez du noir, on les peut encore rabatre du trop d'œil bluastre s'ils en ont besoin, & adoucir avec un petit bain de bois jaune, qui estant un peu gommeux, fera un bon effet sur le chapeau, soit qu'il soit de poil ou de laine fine.

Chapeaux grossiers un noir, les chapeaux mediocres deux noirs, & les chapeaux plus fins les trois noirs.

C C X L V I I.

C O M M E les chapeaux de laine grossiere & de petit prix seront suffisamment teints avec le premier noir, pourveu qu'on les engalle & noircisse bien, & qu'on ajoûte à leur engallage du sumac, rodoul ou fovic en suffisante quantité, & qu'on augmente à proportion la dose de la couperose sans diminution du reste; les chapeaux de poil ou laine de prix mediocre ne le sçauroient estre suffisamment sans les deux noirs, non plus que les plus fins & les plus difficiles à prendre la teinture sans tous les trois; ainsi qu'il a esté specifié cy-devant dans le 245. article de cette Instruction.

Adoucissage & rabat.

C C X L V I I I.

C O M M E les chapeaux plus fins & ceux de prix mediocre peuvent estre rabatus & adoucis avec le bois jaune, ceux de laine grossiere n'ayant pas besoin de rabat à cause du sumac, rodoul ou fovic qu'on y employe, & de la couperose qu'on y met en plus grande quantité, ils peuvent estre adoucis avec un petit bain de gaude, si mieux on n'ayme les passer sur le bois jaune, apres que les chapeaux fins ou mediocres en auront tiré la substance qui n'est pas necessaire pour le rabat des chapeaux de petit prix.

C C X L I X.

CCXLIX.

MAIS comme on ne peut avoir la derniere perfection du noir, *Guefde pour les chapeaux.* soit dans les laines, soit dans les poils sans le pastel ou guesde, dont les Chapeliers ont fait perdre l'usage, pour celuy qui avoit accoûtumé de s'employer dans la teinture des chapeaux, & qu'ils croyent mesme qu'un noir plus fort feroit tomber le poil, qui est presentement necessaire pour le meilleur debit, & pour la plus grande beauté des chapeaux, quoy que cela provienne plûtost de la main de celuy qui le dresse en luy donnant le noir, ou de ce que le poil n'a pas esté assez foulé ny lié avec son feutre, & qu'un bon noir bien appliqué ne fasse jamais ce mauvais effet, & qu'il contribuë beaucoup à la vente, & encore davantage au bon usage comme le poil qui a esté tiré à un chapeau.

CCL.

CE neantmoins pour lever cet obstacle, & pour avoir les chapeaux teints en perfection, il seroit necessaire d'obliger tous les Chapeliers à faire empasteler ou guesder toutes leurs laines ou poils, suivant leurs qualitez, avant de les pouvoir employer dans la fabrique de leurs chapeaux, parce que le bleu couvrant beaucoup, & disposant les laines & les poils à mieux recevoir le noir, on ne seroit pas obligé de le donner si fort pour les chapeaux grossiers & mediocres, & on épargneroit le dernier noir pour les chapeaux qui sont plus fins, ou de poil plus difficile à prendre la couleur, ce qui ne sçauroit encherir de trois sols la teinture d'un chapeau grossier, ny de cinq sols la teinture des chapeaux plus fins.

CCLI.

IL seroit bon pour arrester le cours de la mauvaise teinture des *Marque des chapeaux.* chapeaux, & mesme pour en avoir la perfection & de la fabrique, de défendre à tous les Maistres Chapeliers de rogner le bord de leurs chapeaux, ny de les exposer en vente, qu'ils ne fussent premierement marquez de leur marque dans le dedans du chapeau, & qu'ils n'eussent ensuite esté veus & visitez par les Gardes ou Ju- *Visite.* rez Chapeliers, qui les ayant trouvez de la qualité requise, seroient tenus de l'approuver par leur marque, qu'ils seroient obligez d'y mettre à costé de celle du Façonnier; que s'il se trouvoit mal teint, les Gardes ou Jurez seront obligez de l'arrester, & d'en faire ordonner la confiscation par les Juges des Manufactures, avec peine d'amende contre le Chapelier, qui luy auroit donné la mauvaise teinture.

CCLII.

QUE si un chapeau se trouvoit mal teint, apres avoir esté marqué par le Chapelier qui l'aura fait, & par les Gardes & Jurez, il

feroit neceffaire que celuy qui l'auroit acheté pûft avoir fon recours & fon dédommagement contre celuy qui luy auroit vendu,
& celuy-là tant contre le Chapelier qui l'auroit teint, que contre
les Gardes & Jurez qui l'auroient mal marqué, avec condamnation
d'amende, pour les obliger à prendre garde, & à ne marquer que
les chapeaux qui feroient de bonne teinture.

C C L I I I.

Feutre matriffe en refervé dans le Bureau des Chapeliers.

Mais afin que la verification de la teinture des chapeaux fe
puiffe faire avec quelque certitude, il faut que chaque Communauté des Chapeliers foient obligez de teindre dans chaque Ville
deux, quatre ou fix feutres de chapeaux plus ou moins, fuivant le
befoin que chaque Communauté jugera d'en avoir befoin de chaque forte de laine ou poil, qui fe façonnent dans chaque Ville en
toutes les trois fortes de noirs, qui ont efté cy-devant expliquez,
pour les laiffer dans leurs Bureaux, afin qu'ils fervent de matriffe
pour y avoir recours, & pour mieux juger de la bonne ou mauvaife teinture des chapeaux qui fe fabriqueront enfuite.

C C L I V.

Débouil-ly pour le noir des chapeaux.

Que fi on ne peut pas juger à l'œil par la comparaifon du feutre matriffe, avec les chapeaux qu'on voudra verifier de la bonté
du noir, il faudra que les Gardes ou Jurez qui auront le droit de
marquer, prennent un petit échantillon du feutre matriffe qui foit
de la mefme laine, poil ou teinture que le chapeau qu'on voudra
verifier, avec un autre qu'on pourra prendre à l'extremité du bord
du chapeau dont fera queftion, & qu'on doit prendre, fi petit &
de telle façon que cela n'incommode, ou ne gafte pas le rond du
bord du chapeau, afin de les débouillir enfemble avec autant pefant d'alun & tartre, comme peferont les échantillons pendant demie heure, pour apres le débouilly juger par la comparaifon des
uns avec les autres de la bonté, ou du défaut du noir qu'on y aura
donné.

C C L V.

Et quoy que cette verification ne foit pas de la derniere fo-
lidité, ne s'en trouvant pas de meilleure ny de plus exacte, elle feroit fuffifante pour arrefter le mal, & pour faire diftinguer avec la
marque ceux qui feront de bonnes teintures & de bons chapeaux
d'avec ceux qui en feront de mauvaifes, eftant auffi neceffaire
que dans la marque des Jurez ou Gardes, foit le nom de la Ville, & un chifre particulier pour chaque année des Jurez qui fera empreint fur le livre de la Communauté, afin de pouvoir fon-
der l'action contre ceux qui en auront mal ufé; & que dans celle
du Chapelier fon nom foit en abregé, afin qu'on puiffe bien connoiftre & diftinguer le tout en cas de befoin.

DOVZIEME PARTIE,

CONTENANT L'AVANTAGE QVI reviendra au public de l'employ, culture & debit des bonnes drogues que la France peut produire.

CCLVI.

ESTANT impossible de faire de bonnes couleurs sans les bonnes drogues, & la France nous en pouvant fournir des meilleures si nostre travail & nostre industrie seconde sa fertilité, il est necessaire apres avoir enseigné la façon des bonnes couleurs, de donner les moyens qui peuvent contribuer au commerce des bonnes drogues que la France peut produire , afin que ses peuples s'employent utilement à leur culture , & en retirent les fruits & les avantages dont les Estrangers , & nostre aveuglement nous ont privez depuis le commencement de ce Siecle.

Bonnes drogues qui croissent en France, necessaires pour les bonnes couleurs.

CCLVII.

LES drogues qui croissent en France sont, le pastel ou le voüede pour le bleu ; le vermillon & la garance pour le rouge ; la gaude, la sarrette, & la genestrolle pour le jaune ; la racine écorce de noyer , & cocque de noix pour le fauve , autrement appellé couleur de racine ou noisette ; le rodoul, le sovic & la couperose pour le noir ; l'alun , la gravelle & le tartre pour les boüillons. Nous avons aussi le verdet, le sel commun , la chaux, la cendre cuite & potasse, la cendre gravelée, & la pluspart des ingrediens qui ne donnent point de couleur ; & outre ces drogues qui sont bonnes , nous avons encore la cassenolle, l'écorce d'aune, le fustel, la malherbe, le trentanel, la garoüille & l'orseille, qui sont des ingrediens dont l'employ peut estre souffert en certaines Villes, étofes & couleurs, suivant qu'il est specifié dans cette Instruction.

Drogues servans à la teinture des laines , qui croissent en Frace.

CCLVIII.

QUOY qu'il n'y ait point d'Estat dans l'Europe qui soit si bien partagé pour les drogues ou ingrediens servans à la teinture comme la France, neantmoins leur culture & leur apprest en ont esté tellement negligez, qu'il se trouve à present bien peu de personnes dans le Royaume capables de connoistre la cause de leurs defauts, ny les moyens de restablir leur bonne culture, & de leur donner la mesme force, subsance, & bonté qu'elles avoient accoustumé d'avoir lors que leur culture estoit à l'égal de leur de-

La France bien partagé pour les ingrediens servans à la teinture.

Peu de personnes qui connoissent la cause

bit ; ce qui a donné lieu de les inferer dans cette Inftruction pour les faire connoiftre & empefcher leur falfification ; mais pour le faire avec quelque methode, il fera bon de commencer par le paftel, comme la plus utile, la plus neceffaire & la meilleur dro-güe de la teinture.

CCLIX.

L E paftel vient d'une graine qu'on feme toutes les années au commencement de Mars, qui a plufieurs feüilles, femblable au plantin qui croit en Languedoc dans les Diocefes de Tolofe, faint Papoul, Mirepoix, Lavaur & Alby, qui font tous du reffort du Parlement de Tolofe. Il fe fait quatre recoltes chaque année de cette plante qui font bonnes ; & quoy que la premiere foit le plus fouvent meilleure que la feconde, la feconde que la troifiéme, & la troifiéme que la quatriéme, il arrive quelquefois le contrai-re lors que le Printemps fe trouve trop humide & pluvieux, mef- me au temps de fa recolte, & que les autres faifons fe trouvent plus temperées, plus chaudes & plus feches ; la trop grande hu-midité en rendant la feüille du paftel plus grande & plus graffe, en diminuë auffi la force & la fubftance. Cette plante fe peut auffi cultiver dans plufieurs autres Provinces de la France, com-me il fe void par le voüede qui croift en Normandie, & qui eft une efpece de paftel.

CCLX.

O U T R E ces quatre recoltes qui font bonnes, il y a des paï-fans qui en font encore une cinquiéme, & quelquefois une fi-xiéme qu'on nomme d'un nom commun marouchins ; & quoy que la cinquiéme fe trouve quelquefois affez bonne lors que l'Au- tomne fe trouve chaude & feche, la fixiéme ne vaut jamais rien, ou fort peu, le foleil fe trouvant trop bas pour pouvoir meurir la feüille du paftel, & luy donner la force & la fubftance neceffaire.

CCLXI.

I L n'y a point de païfant dans ces quatre Doicefes qui ne connoiffe lors que le paftel eft meur, & le temps qu'il le faut re-cueillir ; mais il y en a qui pourroient ignorer la raifon pour la-quelle on laiffe quelque temps flétrir fa feüille, avant de la mettre fous la roüe pour la faire piler, qui n'eft que pour la meurir davan-tage, & luy faire perdre une partie de fon fuc huileux, qui pourroit nuire à la bonté du paftel ; on laiffe auffi le paftel apres qu'il a efté moulu huit ou dix jours en pile, en bien bouchant les fentes & les crevaffes qui s'y font journellement pour le laiffer égouter du refte de cette humeur fuperfluë.

CCLXII.

CCLXII.

APRES quoy l'on en fait de petites boules femblables à des petits pains, qu'ils appellent cocs ou cocaigne, qu'ils mettent apres fecher à l'ombre fur des clayes qui font mifes exprés fur chaque moulin, dont on les retire apres pour les garder dans quelque chambre ou magafin, jufques à ce qu'on les veüille piler & mettre en poudre, ce qui fe fait ordinairement au mois de Janvier, de Fevrier ou de Mars. *Paftel en cocaigne.*

CCLXIII.

LE paftel eftant rompu avec des maffes de bois, on le moüille avec de l'eau la plus croupie, pourveu qu'elle ne foit pas infecte, fale ou graiffeufe, eftant toûjours la meilleure, & apres l'avoir bien moüillé & meflé pour luy faire prendre également fon eau, on le remuë de temps en temps pendant quatre mois, du moins trente-fix fois, & jufques à quarante, afin qu'il ne s'échauffe, & qu'il prenne fon eau également par tout, apres quoy il eft en eftat d'eftre emballé & employé dans la teinture, quoy qu'il foit meilleur d'attendre qu'il foit plus vieux avant de l'employer: le bon paftel augmentant toûjours de force & de fubftance, pendant fix, fept, voires jufques à dix ans s'il eft du meilleur. *Paftel en poudre, fon appreft.* *Paftel en eftat d'eftre emballé.* *Paftel vieux a plus de fubftance que le nouveau.*

CCLXIV.

LES moyens pour avoir du bon paftel outre la faifon, & le temps qui doit eftre propre, font que la terre foit bien cultivée & paliée, qu'elle foit bien farclée, & le paftel bien purgé des herbes eftrangeres; la terre legere ne vaut rien pour le paftel, les terres plus graffes & les mediocres font les meilleures, les premieres donnent plus grande quantité de paftel, mais celuy qui croift dans les terres mediocres a plus de force & donne plus de couleur, le meflange qui fe fait de l'un avec l'autre, s'accorde bien & accommode le tout. *Ce qui contribuë à donner la force & la fubftance neceffaire au paftel.*

CCLXV.

ON ne fçauroit avoir de bon paftel fi on ne feme de bonne graine; mais pour avoir de la meilleure, il faut fçavoir qu'il y a de deux fortes de paftel dont la graine fe reffemble, mais non pas la feüille; le bon a la feüille unie & fans poil, & le mauvais qui eft un paftel baftard, qu'on nomme paftel bourg ou bourdaigne, a la feüille veluë; tellement que pour avoir de bonne graine, il faut en oftant les mauvaifes herbes arracher par mefme moyen tout le paftel baftard ou bourdaigne, & l'ofter d'avec celuy qu'on voudra conferver pour en avoir la graine, qui fe trouvera par ce moyen pure fans aucun meflange de bourdaigne. *Bonne graine, & les moyës d'en avoir toûjours de la meilleure.*

V

CCLXVI.

Paftel ba-
ftard ou
bourdai-
gne.

Qᴜᴇ fi le temps pluvieux fait encore degenerer le bon paftel en bourdaigne , comme le bled en yvroye, il faut en le purgeant des mauvaifes herbes avant de le cüeillir en arracher auffi toute la bourdaigne qui ronge la fubftance du bon paftel , & qui fe charge de terre dans fes feüilles veluës , la terre nuifant grandement à la bonté du paftel.

CCLXVII.

La rofée
ou les
feüilles
eftrange-
res gran-
dement
nuifible
au paftel.

Iʟ fe faut bien garder de cüeillir le paftel avec la rofée , ny de mefler aucunes herbes eftrangeres parmy fa feüille , parce qu'il n'y a rien de plus contraire, ny qui luy nuife davantage, la feüille eftrangere ne donnant aucune couleur , ronge encore celle du paftel duquel il amoindrit beaucoup la force & la fubftance.

CCLXVIII.

Premieres
recoltes
ordinaire-
ment meil-
leures.

Qᴜᴏʏ que les trois premieres recoltes foient ordinairement les meilleures, & que le paftel qui fe feroit du meflange de ces trois recoltes fut toûjours le meilleur, il eft neantmoins neceffaire de laiffer mefler tout le paftel à ceux qui n'en feront que quatre recoltes, parce qu'ils ne fçauroient apres bien apprefter l'autre recolte toute feule, n'ayant pas affez de paftel pour en faire une pille feparée, & luy donner affez de chaleur.

CCLXIX.

Faifant
cinq recol-
tés du pa-
ftel, les
deux der-
nieres fe
doivent
mefler en-
femble.

Mᴀɪs pour ceux qui en veulent faire cinq recoltes dans les années où le beau temps les favorife , il feroit bon de leur faire faire une pille feparée de la quatriéme & cinquiéme recolte, qui fe devroit auffi vendre feparement comme petit paftel, fans fouffrir qu'il fut meflé dans les balles avec celuy des trois autres recoltes , afin que le Teinturier le pûft employer feparement ou enfemble fuivant fa commodité , fans pouvoir eftre trompé dans l'achapt. Mais pour la fixiéme recolte, elle doit eftre abfolument défenduë, parce que le paftel qui en proviendroit ne ferviroit la plufpart du temps qu'à ronger la fubftance de l'autre.

CCLXX.

Le défaut
du debit a
fait de-
laiſſer la
culture du
paftel.

Le gros
millet &
le tabac é-
puifant la
fubftance
de la ter-

Lᴇ défaut du debit ayant fait delaiffer la culture du paftel, & les peuples des quatre Diocefes s'étant avifez pour employer leurs terres d'y femer du gros millet & du tabac, ces deux plantes qui jettent des riges comme de petits arbres , & une prodigieufe quantité de gros grains ou de feüilles fort grandes , ayant épuifé le fuc & la fubftance de la terre , il ne luy en refte pas affez à prefent pour donner toute la force & la vigueur qui feroit neceffaire au paftel pour luy faire rendre autant de couleur comme il avoit accouftumé, lors que les terres n'avoient pas efté épuifées de leur fuc par ces deux plantes, ce qui fe void par le peu de *re, l'em-* bled qu'elles produifent enfuite, & qui eft mefme fort menu, au con- *pefchent* traire du paftel, dont la bonne culture rendoit les terres où il avoit *de donner* efté cultivé plus fertiles & plus abondantes, qui faifoit eftimer les *la mefme* terres du haut Languedoc les meilleures du monde. *force & fubftance au paftel.*

C C L X X I.

Qu o y que la fertilité des terres du haut Languedoc, & le pro- *Le paftel* fit qui revenoit à fes habitans de la culture, & du debit de leur pa- *caufe qu'ô* ftel l'ait fait nommer juftement le pays de cocaigne, puifque la co- *nomme* caigne (qui n'eft autre chofe que le paftel, avant qu'il foit reduit *tous les* en poudre) le rendoit le pays le plus heureux, & le plus riche de *pays ferti-* l'Europe ; il eft à craindre qu'ayant perdu fes commoditez, & fes *bondans* richeffes par le défaut du debit de fa cocaigne ou de fon paftel, il *pays de* ne perde auffi pour long-temps fa fertilité & fon abondance, s'il *cocaigne.* n'y eft promptement remedié, en empefchant la culture d'une fi *La culture* grande quantité de millet & du tabac, qui acheveroit d'épuifer les *du tabac* terres de leur fubftance ; ces deux plantes n'eftant propres à eftre *let pour-* cultivées en quantité que dans les Indes, où ils ont beaucoup de *ront can-* terres en referve pour laiffer repofer celles où ils ont recueilly leur *rilité des* tabac & leur millet. *terres.*

C C L X X I I.

L a foibleffe & le peu de fubftance qui fe trouve à prefent dans *Caufes* le paftel, provient du défaut de fa culture, de la negligence de fon *generales* appreft, & du peu de foin qu'on a donné pour feparer fa feüille de *de la force* celle de la bourdaigne, & des autres herbes étrangeres, & de ce *& fub-* qu'on mefle indifferemment, & fans confideration les premieres *ftance du* recoltes avec les marouchins ou dernieres recoltes ; de ce qu'on fe- *paftel.* me du paftel fur les terres, où on a recueilly du millet & du tabac ; de ce que par le peu de paftel qui fe fait (chaque particulier appre- fte le fien à fa fantaifie) & fa pile fe trouvant trop petite pour pren- dre & conferver fa chaleur, le paftel fe morfond & deffeiche, ce qui luy fait perdre beaucoup de fa fubftance, & de ce que par le défaut des grandes piles, on a delaiffé d'en faire faire les effays, qui en faifoient connoiftre la bonté ou le défaut.

C C L X X I I I.

O u t r e ces maux qui font venus du défaut de la culture ou de *Relations* l'appreft, il y en a un autre qui a efté la fource & l'aliment de ces *avanta-* premiers, & qui eft venu de l'ignorance ou de la malice de quel- *fraudu-* ques Teinturiers, qui pour ufurper fur leurs confreres tous les pro- *fource du* fits & les avantages qui revenoient aux Teinturiers des lieux pour *défaut du* les effays du paftel qu'on vouloit vendre, ou qui eftoit déja vendu, *paftel.* s'il fe trouvoit de la qualité accordée entre le vendeur & l'acheteur,

trompoit l'un & l'autre , & avec cela le public en faifant leur rapport ou atteſtation de la bonté du paſtel meilleure qu'elle n'é-
toit.

CCLXXIV.

COMME les acheteurs ſe ſont trouvez trompez par ces atteſtations frauduleuſes , qui leur faiſoient acheter le paſtel beaucoup
au delà de ſa juſte valeur , & ceux qui le vendoient croyant que la
fraude qu'ils y avoient faite l'euſt bonnifié au delà de leur attente , cette deception reciproque a fait que ces premiers qui ſe ſont
veus trompez, n'ont plus voulu acheter de cette drogue , dont ils
ne ſe pouvoient défaire qu'avec perte , & dont on ne ſçauroit con-
noiſtre les divers degrez de bonté que par l'eſſay , ny ſe confier à
des atteſtations , dont ils avoient éprouvé la fraude ; & que ces derniers continuans toûjours à falſifier ou meſler leur paſtel , eſperans
obtenir des Teinturiers par intelligence ou par corruption une ſem-
blable atteſtation , ayans eſte fruſtrez de leur attente , leur paſtel en
ſe décriant leur eſt à la fin demeuré ſur les bras , ſans le pouvoir
vendre ny debiter.

CCLXXV.

QUE ſi les eſſays & les atteſtations ſe fuſſent faites dans
les formes preſcrites par les anciens Reglemens, ce mal ne fût jamais arrivé au point qu'il eſt à preſent , & l'indigo n'auroit jamais pris le pied qu'elle a priſe dans la teinture , parce qu'un chacun ayant appris par l'eſſay , & une relation veritable , la bonté ou
le défaut de ſon paſtel , ils auroient toûjours tâché de le rendre
meilleur , puiſque le prix de la vente auroit toûjours eſté ſur le pied
de ſa bonté , ou d'apprendre & découvrir la cauſe de ſon défaut ,
pour la pouvoir oſter , ou pour s'en corriger à l'avenir.

CCLXXVI.

QUOY que la bonne graine , la bonne culture & le bon mé-
nage , le bon appreſt & la belle ſaiſon augmentent ou diminuent
la force & la ſubſtance du paſtel , ils n'en alterent jamais la couleur qui eſt toûjours bonne , & la meilleure & plus neceſſaire de
la teinture , puis qu'elle entre dans la compoſition de la pluſpart
de ſes couleurs , qui ne ſe ſçauroient faire ny bonnes ny aſſeurées
ſans le paſtel , ce qui merite bien qu'on y faſſe une reflexion toute
particuliere.

CCLXXVII.

IL ne faut pas ſeulement inſtruire ceux qui ignorent la culture , la ménagerie , la façon & l'appreſt pour faire du bon paſtel ,
& pour luy donner toute la force & la vigueur poſſible pour remettre , & rétablir ſon debit , mais il faut encore couper la racine
du

du mal, & arrefter les progrés funeftes de la tromperie & de la malice des hommes ; & pour parvenir efficacement à l'un & à l'autre, plufieurs chofes font neceffaires. *empefcher les fraudes.*

CCLXXVIII.

PREMIEREMENT, que le Commis qui fera envoyé par Monfeigneur le fur-Intendant des Arts, Commerce & Manufactures de France, faffe convoquer une affemblée fur les lieux en la Ville plus commode, des perfonnes plus intelligentes que les Communautez deputeront de chaque Diocefe en particulier, ou de tous les quatre Diocefes enfemble, pour dreffer avec ledit Commis dans cette affemblée des Statuts & Reglemens generaux pour la culture, la ménagerie, l'appreft, les effays, le poids, la vente, & la fidelité du debit du paftel, pour la feparation des dernieres cüeillettes, l'évaluation des florins qui eft le mefme pour pouvoir connoiftre les divers degrez de bonté du paftel, que le carat pour celuy de l'or & de l'argent, fur quel pied on le doit eftablir ; la differente marque qui fe doit faire fur les bales, fuivant les cüeillettes ou les divers degrez de bonté du paftel, pour y créer & eftablir des Prud'hommes, Efgards ou Infpecteurs dans chaque Communauté ou Paroiffe, pour les reglemens des moulins, & generalement pour toutes les autres chofes qu'ils jugeront neceffaires devoir eftre reglées ; lefquels Statuts ayant efté dreffez & fignez par le Commis & les Deputez ou Confuls des lieux, feront apres envoyez à mondit Seigneur le fur-Intendant des Arts & Manufactures de France, pour les voir, verifier, corriger ou approuver, afin qu'apres cette approbation ils puiffent fervir de loy & de regle generale pour l'avenir.

Commis & affemblée des plus intelligens de chaque Diocefe neceffaire pour dreffer des Statuts & Reglemẽs pour le paftel.

CCLXXIX.

LA feconde, feroit d'eftablir dans chaque Paroiffe ou Communauté deux Preud'hommes, Infpecteurs ou Efgards, plus ou moins, fuivant la grandeur du territoire, des plus intelligens de la Paroiffe ou Communauté, qui pourroient eftre renouvellez tous les trois ans au commencement de Janvier, & qui feront obligez d'aller du moins tous les quinze jours en vifite, ou plus fouvent s'il eft neceffaire, fur toutes les terres dépendantes de la Paroiffe ou Communauté, pour l'execution des Statuts & Reglemens : que s'ils trouvent quelque chofe contraire aux Reglemens, ils en drefferont leur rapport, & fur iceluy les Confuls des lieux prendront leurs jugemens ; & fi le Commis fe trouve fur les lieux, ils feront obligez de l'y appeller avant de proceder à la condamnation, afin que le tout fe faffe dans l'ordre, & non pas par malice ou par vengeance.

Prud'hõmes, Infpecteurs ou Efgards dans chaque Paroiffe, & de leurs fonctions.

X

CCLXXX.

LESDITS Infpecteurs ou Efgards tiendront regiftre de toute la cocaigne qui fe levera, recolte par recolte, avec celle qui fe vendra ou reduira en poudre dans les terres du diftroit de leurs Paroiffes ou Communautez ; de mefme que du paftel en poudre qui s'y appreftera & vendra, pour du tout en donner un eftat general chaque année, au commencement de Decembre, au Commis de Monfeigneur le fur-Intendant.

Regiftre tenu par les Infpecteurs ou Efgards.

CCLXXXI.

EN troifiéme lieu, il fera neceffaire que les proprietaires ou fermiers des moulins tiennent un bon & fidele regiftre du nombre de la cocaigne que chaque particulier tirera de la feüille qu'il fera moudre ou piler dans leur moulin, recolte par recolte, dont ils feront obligez d'en donner un eftat tous les mois aux Prud'hommes, qui feront ténus de l'inferer dans leur regiftre, pour enfuite en donner l'eftat general au Commis.

Regiftre de la cocaigne.

CCLXXXII.

EN quatriéme lieu, que les Jurez Teinturiers feront tenus de tenir regiftre de tous les effays de paftel ; que tant eux que les autres Maiftres Teinturiers feront, avec la date du jour que les effays fe leveront, s'affoiront ou fe travailleront chez le Teinturier, le nom du Teinturier qui fera l'effay, & de ceux pour qui ils les auront faits, celuy à qui appartient le paftel, avec la qualité ou les degrez de bonté qu'ils auront trouvez eftre audit paftel effayé, & que tant le Maiftre qui aura fait l'effay, que les Jurez Teinturiers qui fçauront figner, feront tenus de figner au deffous de l'article de chaque effay, pour en delivrer des extraits aux vendeurs & acheteurs, & autres qu'il fera neceffaire.

Regiftre des effays.

CCLXXXIII.

LE mefme fe doit auffi pratiquer à l'égard des Maiftres pefeurs & emballeurs de paftel, qui feront tenus auffi de tenir regiftre de tout le paftel qu'ils peferont ou emballeront, avec la date du jour, & le nom du vendeur & de l'acheteur, la qualité qu'ils donneront à leur paftel ; la marque qu'ils feront fur les bales, & des lieux, boutiques ou magafins dans lefquels ils auront emballé ou pefé ledit paftel ; defquels regiftres, tant eux que les Jurez Teinturiers, feront tenus de donner un eftat veritable en bonne forme toutes les années, au commencement de Decembre au Commis de Monfeigneur le fur-Intendant des Arts & Manufactures de France.

Regiftre des Maiftres pefeurs & emballeurs de paftel.

CCLXXXIV.

EN cinquiéme lieu, l'experience ayant fait connoiftre le peu

L'intereft

de foin, ou d'intelligence que la plufpart ont fur les lieux, des affai- *particu-*
res qui regardent le public, que l'envie, l'intereft, ou la complaifan- *lier fait*
ce font fouvent méprifer, & negliger mefme dans des chofes, *declaißer*
le bien
qui pour fembler petites dans le commencement, ne laiffent pas *public fur*
de fe trouver d'une grande confequence dans la fuite, ce qui fe *les lieux.*
void par le paftel, dont le défaut du debit a fait perdre plus de
quarante millions de livres au haut Languedoc depuis le commencement de ce fiecle, ce qui n'eft arrivé que par la negligence ou
l'ignorance des moyens propres pour l'empefcher, puifque nos *Edits, Ar-*
Rois, leur Confeil, les Parlemens, & les Eftats de la Province du *refts & Or-*
Languedoc n'ont jamais manqué de leur fournir des Edits, des Ar- *donnances*
pour la
refts & des Ordonnances pour les favorifer, & pour empefcher *défenfe de*
l'employ de l'indigo étrangere dans toute la France ; mais tout *l'employ*
cela n'a rien operé, faute des moyens efficaces qui font contenus *& du de-*
bit de
dans cette Inftruction. *l'indigo*
eftrangere.

<h3 style="text-align:center">C C L X X X V.</h3>

O n a bien reconnu que l'indigo, que les Efpagnols, Genois, *La negli-*
Anglois & Hollandois ont debité dans la France, a empefché le de- *gence de*
la culture
bit & l'employ de noftre paftel ; mais on n'a pas voulu reconnoî- *& de l'ap-*
tre, ny avoüer que le défaut ou la negligence de fa culture, & de *preft du*
fon appreft y ait autant contribué comme le refte ; & quoy que *paftel, a*
autant co-
ce dernier mal ne foit qu'une fuite du premier, il eft impoffible de *tribué au*
remedier efficacement à tous les deux, que par des moyens pro- *défaut de*
fon debit
pres, & pour l'un & pour l'autre, qui font contenus dans cette In- *comme*
ftruction, ny d'ajufter autrement les divers interefts du haut Lan- *l'indigo.*
guedoc, & de la Compagnie des Indes, qu'en permettant l'employ
de fix livres d'indigo fur chaque balle de paftel, & en reiterant plus
fortement les défenfes pour l'employ de l'indigo étrangere, qui fera
que le paftel & l'indigo du commerce de la Compagnie Françoife
auront un égal debit, qui fuffira pour toutes nos couleurs, qui fe
feront bonnes par leur meflange ; ce qui ne fe pourroit pas, fi l'employ de l'indigo étrangere eftoit fouffert, à caufe que noftre paftel
s'employant en moindre quantité, n'auroit pas affez de force pour
corriger l'indigo Françoife, & l'abondance de l'indigo étrangere,
qui s'employeroit toûjours en plus grande quantité, ce qui falfi-
fieroit les deux tiers de nos couleurs, ruïneroit le commerce, &
l'employ de l'indigo Françoife, avec celuy de noftre paftel.

<h3 style="text-align:center">C C L X X X V I.</h3>

C'e s t pourquoy il femble neceffaire que mondit Seigneur le *Commis*
Surintendant des Arts & Manufactures de France, commette une *neceßai-*
res, &
perfonne fur les lieux qui foit intelligente pour faire executer fidel- *pourquoy.*
lement fes ordres, & en vertu d'iceux convoquer les Affemblées

des Dioceses, pour y faire dresser les Statuts & Reglemens, & les faire ensuite omologuer au Conseil Royal de Commerce, pour les faire apres executer par tous les quatre Dioceses, & autres endroits où il sera necessaire, & se transporter sur les lieux, pour voir si les Inspecteurs, Teinturiers, Mouliniers, Peseurs, Emballeurs, & autres personnes s'acquitteront de leurs fonctions, pour tenir le Registre general de tout le pastel, qui se recueillira, vendra & debitera dans les quatre Dioceses, année par année; & enfin pour avoir une generale inspection sur tout ce qui sera jugé necessaire pour la meilleure culture, apprest, employ & debit du pastel.

C C L X X X V I I.

Du voüede.

LE voüede estant une espece de pastel, qui croist en Normandie, mais qui est beaucoup moindre en force & en substance que le pastel par le défaut du terroir, & de la chaleur qui n'est pas assez grande en Normandie, pour pouvoir bien cuire & meurir la feüille du voüede, pour luy donner autant de force & de substance qu'aux premieres cueillettes du pastel, ce qui le rend aussi foible, & de petite substance, comme le marouchin, ou les dernieres cueillettes *Le voüede espece de pastel.* du pastel qui croist dans le haut Languedoc. La culture & l'apprest devant estre de mesme que celuy du pastel, puis qu'ils sont tous deux d'une mesme espece, il seroit inutile d'en parler icy, à cause que ce qui peut servir pour l'un, peut aussi servir pour l'autre, & ce qui est contraire au pastel, l'estant aussi au voüede; il faut seulement observer que le pays estant froid, & le voüede fort foible, on n'en peut faire que fort peu de cueillette, ny le moüiller que foiblement; & en l'employant il faut autant qu'il se pourra le faire mesler avec le pastel, afin qu'il luy communique de sa substance, parce qu'autrement il est impossible de le réchauffer, ny de mesler plus d'une livre d'indigo sur chaque cent pesant de voüede, sans faire ensuite de fausses couleurs, ou sans perdre le temps & le bois qu'on aura employé pour le réchauffer.

C C L X X X V I I I.

La France fertile & abondante en peuples n'est pas bien cultivée, ny son peuple employé par tout.

ON ne sçauroit envisager la fertilité de la France, ny voir une si grande troupe de faineans, qui demeurent inutils & les bras croisez, pendant qu'ils peuvent estre employez utilement à la culture de la terre, & à plusieurs autres biens, dont la nature nous favorise, pour vivre aux dépens du sang & de la substance des autres, sans blâmer la politique & la negligence des anciens François, & leurs attachemens pour les employs inutils, qui ayans accoûtumé de les remplir de vent & de fumée leur ont fait produire les tourbillons & les tempestes qui ont pensé souvent renverser cet Estat sous le poids des guerres civiles.

C C L X X X I X.

CCLXXXIX.

Cela se void si clairement par la racine de la garance que la terre produit d'elle-mesme dans la pluspart des Provinces du Royaume malgré la negligence, & le mépris des François, qu'on ne sçauroit voir cette bonne mere si liberale, faire monstre de ses commoditez & de ses richesses (pour éveiller la paresse, & exciter le travail de ses enfans) sans blâmer l'aveuglement & le mépris des François, qui se sont épuisez d'argent pour acheter chez les Etrangers ce qu'ils pouvoient recueillir chez eux avec abondance.

La garance peut estre cultivée dans la pluspart des Provinces de France.

CCXC.

C'est à present que la politique de la France se trouvant plus éclairée pour establir la culture de la garance (à l'achapt de laquelle les François employent tous les ans plus de cinq cens mil livres)qu'on en a fait inclure la methode dans cette Instruction, afin que les François s'en rendent sçavans, & la puissent cultiver par toute la France & dans la Flandre qui appartient au Roy, & par ce moyen fournir de garance avec grand profit, l'Espagne, l'Italie & les autres Estats voisins, qui en sont dépourveus.

Employ de plus de cinq cens mil livres pour l'achapt de la garance.

CCXCI.

La garance est une racine qui vient naturellement dans la pluspart des Provinces du Royaume, qui se cultive avec soin dans la Flandre, & la Zelande, & dont la meilleure se recueille aux environs de l'Isle; & quoy que cette racine soit d'un grand revenu, sa culture & son entretien sont fort faciles, elle croist dans les terres mediocrement bonnes, se plaisant beaucoup mieux, & prenant plus d'accroissement dans les terres mediocrement humides, comme les marais qui sont bien desseichez, que dans les terres trop arides; quoy qu'il soit necessaire d'empescher que l'eau n'y croupisse pas, parce qu'elle la pourriroit, & rendroit par là inutile la culture de cette racine.

De la garance.

CCXCII.

Les terres dans lesquelles on desire semer la garance doivent estre profondement rompuës, & bien fumées avant l'hyver, celles qui sont un peu sablonneuses, & qui ont esté profondement rompuës, demeurans plus ouvertes, donnent plus de facilité à la garance de grossir sa racine, ce qui les rend plus propres pour la garanciere que celles qui sont plus tenantes & argilleuses, qui tiendroient trop pressée cette racine, & l'empescheroient de grossir, de mesme que les terres trop seches, faute de l'humidité necessaire.

Sa culture.

CCXCIII.

Apres que la terre a esté bien preparée, la garance se seme ordinairement assez épais au mois de Mars au decours de la Lune, & se

Semer en en Lune vieille.

Doit estre
bien pur-
gée des
herbes é-
trangeres.

couvre seulement avec la herse ou le rasteau, pour rendre la terre
plus unie, afin d'y mieux choisir, & arracher les herbes étrangeres,
dont il est necessaire de la bien purger, specialement dans le commencement, afin qu'elles n'attirent pas la substance de la terre, &
ne meslent pas leurs racines parmy celles de la garance, qui l'empescheroient de croistre & de grossir ; & quoy que la garance estant de-
venuë plus grosse attire plus de suc, & empesche que la terre ne pro-
duise plus si grande quantité d'autres herbes, il ne faut pas laisser de
les tenir toûjours bien sarclées ; mais comme le sarclage se doit faire au commencement avec la main, crainte d'arracher la garance
avec les herbes nuisibles, on le pourra faire avec les outils propres à
cela, lors que les racines de la garance seront affermies & devenuës
plus grosses.

CCXCIV.

La pre-
miere ga-
rance s'ar-
rache 18.
mois apres
qu'elle a
esté semée
pour la
premiere
fois.

IL faut laisser grossir la racine de la garance avant de l'arracher,
ce qui ne sçauroit estre que dix-huit mois apres qu'elle a esté semée ; on pourra commencer de cueillir la plus grosse dans le mois
de Septembre ; & ayant coupé la feüille des racines qui resteront
rez de terre, lors que la graine se trouvera assez meure pour estre re-
cueillie, on couvrira bien de terre le reste des racines pour les laisser grossir jusques au mois de Septembre suivant, qu'on pourra aussi arracher les plus grosses, & ainsi consecutivement d'année en année au mois de Septembre, pendant huit ou dix ans que la garanciere demeurera toûjours peuplée, soit des racines qu'on y aura laissées
pour les laisser grossir, ou soit de celles qui resteront au fonds de la

Et apres
d'année
en année
pendant 8
ou 10.ans.

Terres où
la garan-
ce & le
pastel ont
esté re-
cueillis se
rendent
plus ferti-
les en bled

terre, ou qui se formeront des filamens, petits oignons, ou reste des
autres racines qu'on aura arrachees ; apres quoy il sera besoin de re-
nouveller autre part la garanciere, si cela n'est déja fait, parce que
cette terre se trouvera alors plus propre pour le bled que pour la remettre en garanciere ; la garance aussi bien que le pastel ayant accoûtumé de rendre par la bonne culture qui s'y fait, & le nettoye-
ment des herbes étrangeres, les terres où ils ont esté recüeillis
plus fertiles & plus abondantes en bled, la garance produit si facilement, que sa tige mesme couchée en terre prend racine, & sert
à repeupler la garanciere qui a esté trop épuisée de sa racine.

CCXCV.

La garan-
ciere se
refait a-
vec du
plant.

LA garanciere se peut aussi refaire avec le plant, en amassant
toutes les petites racines de la vieille garanciere pour les replan-
ter comme petits oignons & pourreaux dans la nouvelle garanciere, dont la terre aura esté auparavant bien travaillée & be-
chée ; ce qui avanceroit d'autant la garanciere, parce que les ra-

cines auront déja quelque groſſeur, & qu'elles prendront fort facilement dans cette nouvelle terre.

CCXCVI.

La racine de la garance de Flandre ou de Zelande qui a at-
teint une raiſonnable groſſeur, apres avoir eſté arrachée eſt miſe
ſecher au ſoleil, ou bien dans les païs fort chauds, apres l'avoir
faite ſecher à l'ombre, pour luy conſerver d'autant plus de ſubſtance & de couleur, elle doit eſtre miſe au moulin pour la reduire
en poudre, & pour eſtre enſuite bien enſachée ou empacquée
dans de doubles ſacs, afin qu'elle ne s'évante, pour eſtre enſuite
employée: la garance qui eſt fraiſche fait la couleur plus vive, celle qui eſt faite d'un an donne davantage de couleur, mais celle
qui vieillit trop, en perdant de ſa couleur perd auſſi de ſa vivacité,
devenant terne & rendant ſa couleur de meſme.

*La garan-
ce apres
eſtre ſe-
che eſt
mouluë
& enſa-
chée.*

CCXCVII.

Mais comme cette façon de la culture de la garance a eſté
plûtoſt tirée des experiences curieuſes qui ont eſté faites pour le
plaiſir, & pour ſçavoir ce qui ſe peut tirer des terres de la France, & de l'induſtrie de ſes habitans, que d'une culture exacte pour
en tirer du profit; & que ceux qui la cultivent tous les jours ſur
les lieux peuvent avoir des lumieres, des modes & des façons
plus utiles qui nous ſont inconnuës, ſoit pour la culture ou pour
l'appreſt; il ſeroit neceſſaire que les Commis qu'on deputera ſur
les lieux faſſent recherche dans les Provinces des perſonnes qui
ſeront plus zelées pour eſtablir cette culture aux endroits, & dans
les terres qui ſeront plus propres pour cela, & choiſir ſur tout
les lieux où les grains ſe trouveront à meilleur marché, pour eſtre
leur tranſport plus difficile, ou ceux dont les terres ſont incultes,
afin d'obliger les habitans à les travailler pour en recevoir le profit de la garance; & dans ces lieux choiſis y faire acheminer deux
ou trois païſans, plus ou moins ſuivant le beſoin, des plus intelligens qui ſe trouveront aux environs de l'Iſle, pour en aller en-
ſeigner la façon & la methode aux habitans, & pour travailler
eux-meſmes ſur les lieux à cette culture.

*Perſonnes
& les ter-
res, qui
ſeront
propres
pour y
cultiver la
garance.*

CCXCVIII.

Il y a des garances que les Eſtrangers nous vendent ſous le
nom de billon de garance, qui bien ſouvent n'eſt autre choſe que
de la terre rougeaſtre meſlée avec quelque pouſſiere de la garance, ou de la grappe de celle qui a eſté déja employée dans leur
païs, ce qui eſt une falſification & une tromperie des plus grandes; & parce que ces ſortes de garances qui s'appellent billon ſe
debitent ordinairement par le troc qu'on en fait avec d'autres

*Billons de
garance
falſifiez,
leur a-
chapt &
leur em-
ploy doit
eſtre dé-
fendu.*

marchandifes , & dans lefquels trocs il y a des Marchands qui croyent leur eftre loifible de fe tromper les uns les autres contre la bonne foy du commerce , & au grand prejudice des Teinturiers , à qui on fait prendre enfuite ces fortes de billons falfifiez pour payement de leurs teintures , & du public qui s'y trouve fraudé par la fauffe teinture & le dégradement des étofes, où on employe de ce billon, qui n'ayant point de couleur, ne fert qu'à ronger la laine des étofes où la terre s'attache, comme fi c'eftoit de la moullée. C'eft pourquoy il feroit bon de défendre lefdits billons falfifiez , & de les faire faifir & confifquer, avec condamnation d'amende , & n'admettre & recevoir en France que ceux de la qualité requife ; à l'effet dequoy il en faudroit ordonner la vifite, & la marque des bales & balots.

C C X C I X.

De la gaude.

LA gaude eft une plante qui vient naturellement, ou par culture dans prefque toutes les Provinces de la France, on la feme bien claire dans les terres legeres , au mois de Mars ou de Septembre , & ayant efté bien farclées & purgées des mauvaifes herbes, elle fe trouve meure dans le mois de Juin ou de Juillet fuivant. Dans les païs chauds elle fe trouve fouvent affez feche en la recüeillant, mais dans les païs plus froids il la faut faire fecher; il faut empefcher qu'elle ne fe moüille pas eftant recüeillie, & ne la recüeillir pas qu'elle ne foit bien meure. La gaude plus menuë & rouffette eft meilleure, & a plus de fubftance que celle qui eft plus grande, & qui a un vert terny. Celle qui noircit ou qui eft moifye ayant efté moüillée ou recüeillie trop verte, eft la moindre de toutes, & fait une couleur terne; toutes les Provinces de la France fçachant la façon de la culture de la gaude , il feroit inutile d'en écrire davantage.

C C C.

De la racine , écorce , feuille de noyer & coque de noix.

IL y a fort peu de Provinces dans la France où il ne fe trouve des noyers, ny gueres de païfans qui ne fçache que leur racine, feüilles & écorce de mefme que la coque de fon fruit, fervent à la teinture, pour les conferver & en tirer de l'argent des Teinturiers; feulement leur eft-il neceffaire de fçavoir que la racine n'eft bonne que dans l'hyver, où toute la feve de l'arbre s'y trouve retirée ; l'écorce lors que l'arbre eft en feve , la feüille lors que les noix ne font pas bien formées, & la coque de la noix lors que les noix font encore dans leur coque verte, & qu'on les a ouvertes pour en tirer le cerneau qui fe trouve lors bon à manger ; pour conferver long-temps la teinture dans l'un & dans l'autre , il les faut mettre dans une cuve ou autre vaiffeau , & le tenir bien remply

ply d'eau, d'où il ne les faut tirer que pour les employer à la teinture.

CCCI.

LE vermillon ou graine d'écarlatte, qui n'eſt autre que l'al- *Du ver-*
quermes, dont les Apoticaires font cette belle compoſition, qu'ils *millon ou*
nomment confection d'alquermes, eſtant une graine qui croiſt na- *graine*
turellement ſur une eſpece de petits hous, dans les lieux vagues *d'écarlat-*
& inutils de la Provence, du Languedoc & du Rouſſillon, n'ayant *ſtel d'é-*
point beſoin de culture, & venant d'elle-meſme ; il ſeroit inutile *carlatte.*
d'en parler, ſeulement on doit ſçavoir qu'il ne la faut pas recüeillir qu'elle ne ſoit bien meure, parce que c'eſt alors qu'elle rend
plus du pouſſet, qu'on nomme communement paſtel d'écarlatte,
& que pour en faire recüeillir en abondance, il ne faut que procurer ſon debit en l'employant dans nos couleurs ſuivant cette
Inſtruction.

CCCII.

LES anciens n'ayant pas encore découvert le ſecret de ſe ſer- *De l'an-*
vir de noſtre vermillon pour teindre leurs laines & leurs étofes, *cienne*
ſe ſervoient du ſang d'une huiſtre ou poiſſon pour teindre leur *pourpre ou*
écarlatte ou pourpre, dont la plus belle ſe faiſoit dans la Pheni- *écarlatte*
cie, comme la coſte où il ſe trouvoit le plus de ces huiſtres, & *phenicien-*
où cette couleur fut premierement découverte par la rencontre *ne.*
d'un chien, qui ayant mangé de ces huiſtres ou poiſſon, s'eſtoit
teint le poil de leur ſang en un beau pourpre ou écarlatte, ce qui
rendoit cette couleur ſi chere & ſi rare, qu'il n'y avoit que les
Roys & les Monarques qui en portaſſent, & encore la pluſpart
qu'un petit bandeau, qui eſtoit la marque la plus auguſte de leur
Souveraineté.

Sarrazin

CCCIII.

MAIS du depuis qu'on a découvert le ſecret de faire un plus *Ecarlatte*
beau pourpre ou écarlatte à meilleur marché, avec noſtre graine *de France*
ou vermillon, qu'avec le ſang de ce poiſſon, on a tellement de- *plus belle*
laiſſé cette premiere mode, qu'on ne ſçait plus à preſent lequel *couleur*
de tous les huiſtres ou poiſſons eſt celuy qui rendoit cette belle *que l'an-*
couleur, qui ne paſſeroit de noſtre temps que pour une couleur *cienne*
mediocrement belle, & qui ne ſeroit nullement comparable à *pourpre.*
celle de noſtre vermillon.

CCCIV.

MAIS comme la pourpre Phenicienne fut delaiſſée des anciens *Les taches*
pour prendre noſtre écarlatte, dont la couleur eſtoit plus belle & *s'impri-*
à meilleur marché ; noſtre écarlatte de France s'eſt auſſi preſque *ment faci-*
delaiſſée de noſtre temps par l'inconſtance des François, & par *ſur la nou-*

velle é-
carlatte
façon de
Hollande
l'écarlatte façon de Hollande, dont la couleur a esté nouvelle-
ment inventée, qui pour avoir plus d'éclat & bien moins de so-
lidité que celle de France, les fit premierement desirer, & à mesme temps delaisser des François, qui s'estant persuadez que l'é-
carlatte de France se tachoit aussi facilement, ils ont quitté & l'une
& l'autre ; ce qui a fait aussi abandonner les meilleures fabri-
ques de nos draps qu'on avoit accoustumé de mettre en cette riche couleur, & dont la Noblesse la plus relevée avoit accoustu-
me de s'habiller, ou du moins d'en avoir un manteau, qui estoit
bien plus beau, plus magnifique, & de meilleur usage que
ceux de barracan dont ils se servent à present, & qui se fabri-
quent pour la pluspart hors du Royaume, quoy qu'ils soient
moins honnestes, & plus chers, eu égard à leur peu de durée.

C C C V.

*Moyens
de resta-
blir l'é-
carlatte de
France.*
PAR ainsi pour rétablir les bonnes Manufactures des draps de
France, & le meilleur debit de nostre vermillon, il seroit necessaire de rétablir l'usage parmy la Noblesse, & les gens de Guerre, de
cette auguste couleur, qui distingueroit bien mieux leur condition, leur employ & leur qualité relevée, & le drap les garantiroit
bien mieux de la pluye & du mauvais temps, soit qu'ils fussent de
cette riche couleur ou de quelque autre, que les barracans étrangers, qui se syent ou coupent tous, sans pouvoir resister que bien
peu de temps à la pluye.

C C C V I.

*De la sar-
rette &
genestrol-
le, du ro-
doul &
fovic.*
LA sarrette & la genestrolle estant deux plantes qui viennent
naturellement, & le rodoul & le fovic estant des feüilles de petits
arbrisseaux, qui ne se cultivent pas, il n'est pas besoin de parler
des uns ny des autres, la moindre personne des lieux où ils croissent
sçachans qu'ils sont propres pour la teinture.

C C C V I I.

IL faut seulement observer que tant la sarrette, la genestrolle,
que le rodoul & le fovic qu'on veut conserver, doivent estre bien
meurs avant de les recueillir ; mais pour ceux qu'on veut employer fraîchement, il n'importe pas qu'ils le soient beaucoup.

C C C V I I I.

*Du tartre
ou gravel-
le, du ver-
det, de la
cendre re-
cuite & de
la cendre
gravelée.*
LA pluspart des François n'ignorans pas que le tartre & la gravelle proviennent de la lie du vin, que le verdet se fait du marc de raisin
& du cuivre, que la cendre pour le guesde est une cendre recuite, &
que la cendre gravelée se fait de la lie du vin, qu'on fait brusler, il faut
seulement sçavoir que se trouvant de la lie de vin par toute la France, & que la cendre gravelée estant à present fort necessaire pour les
teintures dans toutes les Provinces du Royaume, qu'il sera bon d'é-

rablir dans deux ou trois Villes de chaque Province, où il n'y aura pas des gens experts à faire la cendre gravelée, quelqu'un qui l'entende, afin qu'on ne foit pas obligé de l'aller acheter plus loin, & pour les y attirer, de leur donner quelque privilege, & la faculté de la faire feuls dans ces lieux pendant dix ou douze années.

C C C I X.

LA nature qui a fi bien partagé la France pour les vegetaux, fervans à la teinture, ne luy a pas efté moins liberale pour les fels mineraux, qui luy peuvent eftre utils ; puis qu'elle luy a donné l'alun & la couperofe, qui fe trouvent en quelques lieux dans les Pirennées, & qui fe trouveroient en beaucoup d'autres endroits du Royaume, auffi bien que plufieurs autres mineraux que nous allons chercher chez les Etrangers, fi certains François avoient efté auffi exacts à les rechercher, ou à recompenfer ceux qui leur en ont fait la découverte, comme ils ont efté avides de s'en attribuer l'honneur, & d'en ufurper la recompenfe.

C C C X.

L'ACTIVITE' du temperament des François, qui les rend mal propres tant que ce feu leur dure, à faire la découverte des chofes, & à s'attacher à un travail qu'ils jugent de longue haleine, les rend auffi plus cupides de courir fur les brifées d'autruy, & de recueillir le fruit qu'ils n'ont pas femé, & trouvans quelques fois la recolte plus éloignée qu'ils ne croyoient pas, ou defirans la faire tous feuls, embraffans plus qu'ils ne peuvent étraindre, ils s'en rebutent apres facilement, & empefchent les autres de continuer leurs entreprifes ; ce qui fait que perfonne ne s'ofe hazarder de faire la découverte, ny de travailler aux mines qui font dans le Royaume, ce qui nous fait acheter bien cherement des Etrangers beaucoup de chofes, dont nous pourrions abonder.

C C C X I.

QUOY que l'alun qui fe trouve à prefent, & qu'on pourroit tirer des mines qui font dans les Pirennées du cofté de la France, foit un peu faligineux, qui le fait fembler moindre pour la teinture, que celuy qui nous vient de Rome, ou de Civita Vechia ; neantmoins comme l'excellence de ce dernier peut autant venir de l'appreft qu'on luy donne en le purifiant comme de la qualité de la mine, dont on l'a tiré, il eft à croire que faifans venir des gens de ce pays-là, pour apprefter & purifier de melme le noftre, qu'il auroit quelque degré de bonté approchant, ou qu'il feroit du moins auffi bon ou meilleur que celuy qui nous vient de plufieurs autres endroits de l'Europe, où les peuples fçavent mieux profiter des bien-faits de la nature ; ce qui conferveroit bien de l'argent en France.

CCCXII.

De la couperoſe. LA couperoſe qui a eſté tirée de quelques mines, qui ſont au pied des Pirennées, du coſté de la France ſe trouvant plus graſſe, & plus argilleuſe, que celle qui vient de Flandres ou Liege, & d'Angleterre pourroit faire rebuter ceux qui voudroient entreprendre d'y faire foüiller, s'ils ne ſçavoient que ces mines n'ayans pas eſté aſſez ouvertes ny foüillées profondement, cette graiſſe & cette argile ne ſe ſçauroit trouver dans le corps de la mine, où la couperoſe ſe trouve mieux cuite, mais ſeulement ſur les bords où elle contracte ſes défauts par la liaiſon qu'elle a avec la terre qui l'avoiſine, & qui avec la couperoſe luy forme une crouſte qui ſe trouve meſlangée de l'un & de l'autre.

CCCXIII.

Les mineraux ne ſe tirent jamais bien purs de la mine LES mineraux ne ſe tirent jamais bien purs & bien nets de la terre, il les faut purifier & nettoyer de ce qui leur peut eſtre nuiſible, que s'il y a des mines où ils ne ſe trouvent pas, ny ſi purs ny ſi parfaits comme dans les autres, l'abondance qu'on en peut tirer, & la facilité de leur tranſport & de leur debit, peuvent bien ſouvent compenſer ſes autres défauts ; que ſi noſtre alun n'eſt pas ſi bon que celuy de Rome, nous ne laiſſerions pas de nous en ſervir dans la pluſpart de nos couleurs, auſſi bien que de l'alun blanc, qui vient des autres endroits de l'Europe ; de meſme que de noſtre couperoſe, lors que les mines en ſeront plus ouvertes.

CCCXIV.

Moyens pour faire découvrir & travailler aux mines de France. C'EST pourquoy pour ne laiſſer pas tant croupir de biens dans la terre, & pour obliger les peuples à venir découvrir les mines, qui peuvent eſtre encore cachées en France ; il eſt neceſſaire de donner quelque petite recompenſe à ceux qui les premiers en viendront faire la découverte, & d'y faire enſuite travailler inceſſamment par des perſonnes intelligentes, qu'on pourroit faire venir des lieux où on travaille à de ſemblables mines, s'il ne s'en trouvoit pas d'aſſez capables dans la France pour cela.

CCCXV.

De la caſſenolle, écorce d'aune, fuſtel, malherbe & trentanel. NOUS avons encore en France la caſſenolle ou galle, qui vient ſur les cheſnes, l'écorce du bois d'aune, le fuſtel qui eſt un petit bois qui vient en Provence, la malherbe & le trentanel, qui ſont deux plantes d'une odeur forte dans leur employ, qui croiſſent dans le Languedoc & dans la Provence, la garoüille qui vient dans la Provence, Languedoc & Rouſſillon, qui ſont tous des ingrediens dont la teinture peut eſtre ſoufferte en certains lieux, étofes

De l'orſeille. & couleurs, ſuivant cette Inſtruction, de meſme que l'orſeille,

qui

qui eſt une petite mouſſe ou crouſte , qui vient ſur les pierres &
les rochers des montagnes , & qui appreſtée avec la chaux & l'urine fait une fort belle nuance des couleurs ; il y a encore une autre
ſorte d'orſeille qui croiſt dans le Roſſillon.

C C C X V I.

Quoy que l'orſeille qui eſt la meſme choſe que lorchel ou
lurſolle, qui croiſt dans les Canaries ne faſſe pas une couleur qui
ſoit de durée, ſa beauté ne laiſſoit pas de donner un ſi grand debit
à cette drogue, que Monſieur de Bethancourt dans la conqueſte
qu'il fit de ces Iſles, s'en reſerva à luy ſeul le commerce, comme
le plus clair & le plus liquide de ſon revenu , & donneroit encore
aſſez de profit dans le Royaume , ſi les François ne s'attachoient
plûtoſt à l'employ de l'orſeille, qui vient de Genes , & des autres
Eſtats étrangers, qu'à celle qui croiſt & s'appreſte dans le Royaume, qui eſt du moins auſſi bonne , & qui fait encore de plus belles couleurs.

Lorchel ou lurſolle des Canaries, meſme choſe que l'orſeille de France

C C C X V I I.

Quoy que la France produiſe encore quelques autres drogues
ou ingrediens propres pour la teinture des laines , ayant parlé des
principales , il eſt beſoin avant de conclure cette Inſtruction, de
dire que la teinture contribuant autant que les matieres & la fabrique à la beauté, & au debit des étofes qu'on n'en ſçauroit bien rétablir le commerce que par les bonnes couleurs, ny faire ces bonnes
couleurs ſans les bonnes drogues qui croiſſent dans le Royaume,
leſquelles on ne peut avoir avec tous leurs degrez de force & de
bonté, ſans établir leurs cultures & leurs appreſts dans les Provinces où il ſera neceſſaire, & ſans auſſi leur procurer le debit & l'employ dans nos couleurs, ſuivant cette Inſtruction ; toutes leſquelles choſes font voir l'enchaînement & l'impoſſibilité de bien rétablir l'un ſans l'autre ; & comme le tout doit eſtre conduit par un
meſme eſprit , puis qu'on n'en ſçauroit retirer autrement tous les
avantages que le public en doit eſperer , qui ne ſeront pas ſi peu
conſiderables, que le debit des drogues qui ſe feront dans le Royaume , ne ſoit de plus de deux millions de livres toutes les années, ce
qui ne ſera qu'une partie des fruits de cette Inſtruction , dautant
que ceux qu'on recevra par l'employ legitime des peuples , & par
le meilleur debit des étofes que leur cauſera la bonne teinture, doivent eſtre bien plus grands & plus conſiderables.

Concluſion de cette Inſtruction.

F I N.

Aa

TABLE
OU ABREGE' DES ARTICLES
CONTENUS DANS CETTE INSTRUCTION.

PREMIERE PARTIE.

ARTICLE I. *CINQ couleurs simples, matriſſe ou premieres.* page 11
II. *Sont bleu, rouge, jaune, fauve & noir.* ibid.
III. *Preparation des étofes, quelle.* ibid.
VI. *Etofes bien nettes.* ibid.

SECONDE PARTIE.

VIII. *Le bleu ſe fait avec paſtel, voüede & indigo meſlez enſemble. Six livres d'indigo ſur chaque balle de paſtel.* p. 12
IX. *Indigo doit eſtre appreſté. Indigo ſeul fauſſe teinture.* ib.
XI. *Vne livre d'indigo ſur chaque cent peſant de voüede.* 13
XII. *Bois d'inde, breſil & orſeille falſifient le bleu.* ibid.
XIII. *Moyens pour rendre le bleu plus vif & plus foncé.* ibid.
XV. *Sept ſortes de bons rouges.* 14
XVI. *Eſcarlatte de France.* ibid.
XVII. *Rouge cramoiſy.* ibid.
XVIII. *Rouge de garance.* ibid.
XIX. *Demy graine.* ibid.
XX. *Demy cramoiſy.* 15
XXI. *Rouge ou nacarat de bourre.* ibid.
XXII. *Rouge ou nacarat, façon d'Hollande.* ibid.
XXIII. *Rouge de breſil couleur fauſſe.* ibid.
XXIV. *Le jaune ſe fait avec la gaude. Le teramerita & le bois jaune fait auſſi une autre ſorte de jaune.* ibid.
XXV. *La ſarrette & la geneſtrolle font auſſi une autre ſorte de jaune.* 16
XXVI. *Le fauve ſe fait avec la racine, écorce de noyer & coque de noix. La ſuye pour la feüille-morte & poil de bœuf.* ib.
XXVII. *La garoüille pour les gris de rat.* ibid.
XXVIII. *Trentanel, malherbe avec la ſuye défendus.* ibid.

XXIX. *Le noir se fait avec galle, sumac, rodoul, fovic, couperose, bois d'inde, bois jaune & verdet.* ibid.

XXX. *Mouïlée, limaille de fer ou de cuivre absolument défenduës dans le noir, & toutes autres couleurs de laines ou étofes.* 17

XXXI. *Bois d'inde sur les étofes boüillies défendu. Et l'orseille permise pour certaines couleurs des étofes de bas prix.* ib.

TROISIÉME PARTIE.

XXXII. *Nuances des couleurs.* page 18

XXXIII. *Nuance du bleu.* ib.

XXXIV. *Des sept sortes de rouges, il ne se tire que quatre sortes de nuances.* ib.

XXXV. *Nuance de rouge de garance.* ib.

XXXVI. *Nuance du rouge cramoisy.* ib.

XXXVII. *Nuance du rouge de bourre.* ib.

XXXVIII. *Nuance du rouge ou écarlatte, façon d'Hollande.* 19

XXXIX. *Nuance du rouge de bresil défenduë.* ib.

XLI. *Nuance du jaune.* ib.

XLII. *Le fauve n'a pas de nuance.* ib.

XLIII. *Le gris est la nuance du noir.* ib.

QUATRIÉME PARTIE.

XLV. *Couleur composée, que c'est.* page 20

XLVI. *Bleu & rouge écarlatte de France.* ib.

XLVII. *Bleu & rouge cramoisy.* ib.

XLVIII. *Cochenille campessianne & silvestre.* ib.

XLIX. *Bleu & rouge de garance.* 21

L. *Bleu & demy graine.* ib.

LI. *Bleu & demy cramoisy.* ib.

LII. *Bleu & rouge de bourre.* ib.

LIII. *Bleu & écarlatte, façon d'Hollande.* 22

LV. *Bleu & jaune vert.* ib.

LVI. *Bleu & fauve.* ib.

LVII. *Bleu & gris.* ib.

LVIII. *Rouge & jaune.* ib.

LX. *Plusieurs autres nuances & composition de couleurs non exprimées pour n'estre pas en usage.* 23

LXII. *Rouge & fauve.* ib.

LXIII. *Iaune & fauve.* ib.

LXIV. *Iaune & gris.* 24

LXV.   *Vert & fauve olive.*   ib.
LXVI.   *Couleurs composées de trois ou quatre couleurs.*   ib.

CINQUIE'ME PARTIE.

LXVII. *La Maistrise doit estre separée en grand & bon teint. Le bon teint doit commencer, & le petit teint achever le noir.* ib.
LXVIII. *Necessité de separer la Maistrise en deux.*   25
LXIX. *Pour empescher la falsification des couleurs.*   ib.
LXX. *Par l'inspection des uns sur les autres.*   26
LXXI. *Marchandises & couleurs qui doivent estre teintes par le bon teint.*   ib.
LXXIV. *Marchandises & couleurs qui doivent estre teintes par le petit teint.*   27
LXXVI. *Orseille avec le bleu pour les violets des petites étofes.*   28
LXXX. *Les Teinturiers ne doivent pas entreprendre l'un sur l'autre.* 29
LXXXI. *Ny les Marchands donner les étofes & couleurs qui doivent estre du bon teint au petit teint.*   30
LXXXII. *Dans les Villes où il n'y aura qu'un seul Teinturier, ce qu'il doit faire.*   ib.
LXXXIII. *Necessaire d'avoir deux Teinturiers dans chaque Ville.* ib.
LXXXIV. *Apprentissage & le service chez les Maistres necessaire au bon teint.*   ib.
LXXXV. *Chef-d'œuvre du bon teint. Veuve & enfans. Fils de Maistre. Filles de Maistre.*   ib.
LXXXVI. *Apprentissage, service & chef-d'œuvre necessaire au petit teint. Veuves & enfans. Fils de Maistre. Fille de Maistre.*   31
LXXXVII. *Apprenty ou compagnon dérobant son Maistre exclus de la Maistrise. Et punis s'ils font des teintures à leur profit.* 32
LXXXVIII. *Autres que les Maistres du grand & du petit teint ne pourront teindre ny reteindre. Que les Chapeliers, leurs chapeaux, & les drapans la laine servant aux meslanges en couleur de racine seulement*   ib.

SIXIE'ME PARTIE.

LXXXIX. *Teinture des laines servans aux tapisseries & canevas.* ib.
XC. *Teinturiers de laines servans aux tapisseries & canevas pourront faire le grand & le petit teint.*   33
XCII. *Les Teinturiers des laines des tapisseries pourront aussi teindre les étofes dans les lieux où il n'y aura pas d'autres*

Teinturiers

       Teinturiers & non autre part.   ib.

XCIII.   *Maistrise de Roüen, & autre semblable en guesderons, garanceurs & noircisseurs.*   34

XCIV.   *Peut estre laissée de cette façon.*   ib.

XCV.   *Ou reduite en grand & petit teint par societé.*   ib.

XCIX.   *Le Teinturier du petit teint ne doit point recevoir les étofes ny les couleurs appartenant au bon teint.*   35

C.   *Plomb ou marque de chaque Teinturier necessaire. Marque du bon teint.*   ib.

CI.   *Marque du petit teint.*   36

CIII.   *Plomb ou marque du Bureau de la teinture.*   ib.

CIV.   *Piece mal teinte, mal marquée ou mal rosettée, doit estre arrestée dans le Bureau.*   ib.

CV.   *La marque apres la teinture.*   37

CVI.   *Piece arrestée pour estre de teinture suspecte, doit estre marquée de plusieurs.*   ib.

CVII.   *La necessité & la façon des rosettes pour toutes sortes de couleurs du bon teint.*   ib.

CIX.   *Rosette, marque generale de la bonne teinture.*   38

CX.   *Etofes sans rosettes, marque du petit teint.*   ib.

CXI.   *Le petit teint doit conserver les rosettes du bon teint.*   ib.

CXII.   *Echantillons matrisses, de chaque sorte de pied de bon teint doivent estre en reserve dans chaque Bureau.*   39

SEPTIE'ME PARTIE.

CXIV.   *Drogues non colorantes pour le bon teint.*   ib.

CXVI.   *Drogues non colorantes du bon teint.*   40

CXVII.   *Drogues colorantes du bon teint.*   ib.

CXXIII.   *Doivent estre défenduës au petit teint.*   ib.

CXIX.   *Drogues qui doivent estre communes au grand & petit teint.* ib.

CXX.   *Drogues du petit teint.*   41

CXXI.   *Drogues défenduës dans toute sorte de laines & étofes.*   ib.

CXXII.   *Livres des Teinturiers doivent estre bien tenus.*   ib.

CXXIII.   *Registre de la Halle ou Bureau.*   ib.

CXXV.   *Visite chez les Teinturiers.*   42

CXXVI.   *Registre des Iurez Teinturiers.*   ib.

HUITIE'ME PARTIE.

CXXVII. *Drogues non colorantes permises au bon teint.*   43

CXXVIII. *Trois ingrediens non colorans, qui alterent la bonté de la couleur, pourquoy permis.*   ib.

CXXIX. *Pastel, voüede, vermillon, cochenille, garance & les autres drogues du bon teint, pourquoy permises.*   ib.

CXXX. *Teramerita, pourquoy permis.*   ib.

CXXXI. *Indigo, pourquoy & comment permise.*   44

CXXXII. *Suye.*   ib.

CXXXIII. *Racine, écorce de noyer, coque de noix, galle, sumac, sovic, rodoul & couperose, pourquoy permis*   ib.

CXXXIV. *Garoüille.*   ib.

CXXXV. *Bois d'inde, pourquoy permis en certaines couleurs, & défendu pour les autres.*   45

CXXXVI. *L'orseille pourquoy, & à quoy permise.*   ib.

CXXXVII. *Ecorce d'aune.*   ib.

CXXXVIII. *Verdet.*   ib.

CXXXIX. *Trentanel, malherbe, fustel, & bois jaune.*   46

CXL. *Moullée, limaille de fer ou de cuivre & tournesol absolument défendus,*   ib.

CXLI. *Orcanete.*   ib.

CXLII. *Rocourt.*   ib.

CLXIII. *Saffran-bourg.*   ib.

CXLIV. *Bresil defendu.*   ib.

CXLV. *L'orseille pourquoy plûtost permise que le bresil.*   47

CXLVII. *Bleu, rouge & jaune couleurs du bon teint.*   ib.

CXLVIII. *Le fauve & le noir couleurs du grand & petit teint, pour en user differemment.*   ib.

CLIX. *Pourquoy? & comment?*   48

CL. *Raisons generales.*   ib.

CLI. *Contre la couleur du bresil dans les laines de meslange.*   ib.

CLII. *Fustel & bois jaune.*   49

CLIII. *Noir de castor suspect.*   ib.

CLIV. *Fruit qui se doit retirer d'un secret découvert.*   50

CLV. *Le mesme à l'égard des Estrangers. Le secret ne doit pas demeurer à un seul. Les François doivent estre preferez aux Estrangers.*   ib.

CLVI. *Les commoditez ou incommoditez des Villes ou des Provinces, doivent contribuer à la regle qui se doit prendre pour la bonne teinture.*   ib.

CLVII. *L'incivilité des requestes doivent estre punies de peines.* ib.

NEUVIE'ME PARTIE.

CLIX.   *Noir des étofes, couleur plus importante.*   51

CLX.			Noirs des étofes de prix, doivent eſtre garancées, & pour-
			quoy.
													52
CLXV.		Le noir garancé meilleur, plus beau, & plus ſain aux étofes
			de prix.
													ib.
CLXVI.		Les drogues acres & mordicantes abregent la durée des é-
			tofes. Fort peu d'alun ne ſçauroit nuire dans le noir des
			étofes de prix.
												ib.
CLXVII.	Le noir bien appliqué, n'abrege pas la durée des étofes.	53
CLXVIII.	L'alun ſert à diſpoſer, & faire prendre la couleur plus vi-
			ve à l'étofe.
													ib.
CLXIX.		Le paſtel & la garance dans un noir épargne la couperoſe.ib.
CLXX.		La rougeur de la garance auſſi facile à ſurmonter que l'eclat
			du bleu. Avec le bois d'inde qui fait prendre plus à froid.ib.
CLXXI.		Les laines de meſlange doivent eſtre gueſdées ſans eſtre ga-
			rancées.
													54
CLXXII.	Etofes de laine mediocre & groſſieres gueſdées ſimplement.ib.
CLXXIII.	Le pied du noir ſuivant la durée des étofes.		ib.
CLXXVIII.	Pied de gueſde & garance pour les étofes de prix.		55
CLXXXI.	Pied de gueſde ſans garance pour les étofes au deſſous de 4.
			livres 10. ſols.
												ib.
CLXXXIV.	Pied de gueſde pour les étofes de petit prix.		56
CXXXVI.	Laines de meſlange. Bonnets. Bas d'eſtame. Laines fi-
			lées.
													57
CLXXXVII.	On peut augmenter, non pas diminuer le pied, ſoit du
			paſtel ou paſtel & garance.						ib.
CLXXXVIII.	Echantillons matriſſe en reſerve dans chaque Bureau. ib.
CLXXXIX.	Les étofes qui ont un bon pied doivent auſſi recevoir un
			bon noir. Et de quelle façon.						ib.
CXC.			Les étofes doivent eſtre au large dans le noir.		58
CXCI.			Le noir doit eſtre bien lavé, ſoit du gueſde ou du noir
			pour ne ſallir pas le linge.							ib.
CXCIII.		Le poids des drogues pour le noir doit eſtre reglé entre le
			bon & le petit teint. Viſite dans le petit teint.	ib.
CXCIV.		Echantillons matriſſe, de chaque ſorte de noir, mis dans
			chaque Bureau.
												59

DIXIE'ME PARTIE.

CXCV.			Les quatre premieres couleurs comparées aux quatre éle-
			mens, & le noir à la nuit ou à la mort. Le noir doit
			eſtre la fin de tous les défauts des couleurs.		ib.
CXCVI.		Couleur qui n'eſt pas en uſage peut eſtre changée de cou-

leur, pourquoy, & comment. ib.

CXCVII. *Suivant le premier pied, il faut ensuite donner le second.* 60

CXCVIII. *Etofes de couleur acre ne doivent pas estre boüillies ny garancées.* ib.

CXCIX. *Engallage des étofes qui auront receu la premiere couleur avec des drogues acres.* ib.

CC. *Leur noir.* 61

CCI. *Verdet.* ib.

CCII. *Rosette, marque du reteint.* ibid.

CCIII. *Etofes ramendées en noir, comment.* ib.

CCIV. *Cuve de bois propres pour les noirs qui sont longs à faire.* 62

CCV. *Causes du dégradement des laines noires servans aux mélanges.* ib.

CCIX. *Remede à cela.* ibid.

CCXII. *Moyens propres pour diminuer le prix des couleurs des laines de meslange.* ibid.

CCXVII. *Façon particuliere estant bonne doit estre permise.* 64

CCXVIII. *Laines grossieres. Petites étofes.* ibid.

CCXIX. *Empasteler & guesder, signifient mesme chose.* 65

CCXX. *Déboüilly.* ibid.

CCXXI. *La preuve plus claire par les rosettes que par le déboüilly.* ibid.

CCXXII. *Façon du déboüilly.* ibid.

CCXXVII. *Echantillon matrisse doit estre déboüilly avec les échantillons suspects.* ibid.

CCXXVIII. *Déboüilly pour justifier du bon achevement des noirs.* 67

CCXXXI. *Pour le bleu.* ibid.

CCXXXII. *Pour le cramoisy.* ib.

CCXXXIII. *Pour les autres couleurs.* 68

CCXXXIV. *Verification des échantillons à demy déboüillis necessaire.* ib.

CCXXXV. *Déboüilly pour les étofes de meslange.* ibid.

Onzie'me Partie.

CCXXXVI. *Teinture du fil. Et de la soye. Marque pour le cramoisy necessaire.* 69

CCXXXVII. *Pour les soyes.* ibid.

CCXXXVIII. *Et pour les étofes.* ibid.

CCXXXIX. *Bleus pasles.* 70

CCXL. *La fabrique & les teintures des chapeaux meritent d'être reglées. La mauvaise teinture des chapeaux enleve beaucoup d'argent à la France.* ibid.

CCXLI.

CCXLI.	Moyens generaux pour y remedier.	ibid.
CCXLIII.	Et par la bonne teinture noire. Premier noir.	71
CCXLIV.	Second noir.	ib.
CCXLV.	Troisiéme noir.	72
CCXLVII.	Chapeaux grossiers un noir, les chapeaux mediocres deux noirs, & les chapeaux plus fins les trois noirs.	ib.
CCXLVIII.	Adoucissage & rabat.	ib.
CCXLIX.	Guesde pour les chapeaux.	73
CCLI.	Marque des chapeaux. Visite.	ib.
CCLIII.	Feutre matrisse en reserve dans le Bureau des Chapeliers.	74
CCLIV.	Débouïlly pour le noir des chapeaux.	ib.

DOUZIE'ME PARTIE.

CCLVI.	Bonnes drogues qui croißent en France, necessaires pour les bonnes couleurs.	p. 75
CCLVII.	Drogues servans à la teinture des laines qui croißent en France.	ib.
CCLVIII.	La France bien partagée pour les ingrediens servans à la teinture. Peu de personnes qui connoißent la cause de leurs défauts, ny les moyens de la restablir dans leur premiere force & bonté.	ib.
CCLIX.	Du pastel. Qui croist dans le Languedoc. Quatre bonnes recoltes du pastel.	76
CCLX.	Cinquiéme recolte ou marouchin quelquefois bonne. Marouchins de la sixiéme recolte n'est pas bon.	ib.
CCLXI.	Pastel en pile doit estre bien égouté de son suc huileux ou superflu.	ib.
CCLXII.	Pastel en cocaigne.	77
CCLXIII.	Pastel en poudre, son apprest. Pastel en estat d'estre emballé. Pastel vieux a plus de substance que le nouveau.	ib.
CCLXIV.	Ce qui contribuë à donner la force & la substance necessaire au pastel.	ib.
CCLXV.	Bonne graine, & les moyens d'en avoir toûjours de la meilleure.	ib.
CCLXVI.	Pastel hastard ou bourdaigne.	78
CCLXVII.	La rosée ou les feüilles estrangeres grandement nuisible au pastel.	ib.
CCLXVIII.	Premieres recoltes ordinairement meilleures.	ib.
CCLXIX.	Faisant cinq recoltes du pastel, les deux dernieres se doi-

vent mesler ensemble. . ib.

CCLXX. Le défaut du debit a fait delaisser la culture du pastel. Le gros millet & le tabac épuisant la substance de la terre, l'empeschent de donner la mesme force & substance au pastel. ib.

CCLXXI. Le pastel cause qu'on nomme tous les païs fertiles & abondans païs de cocaigne. La culture du tabac & du millet pourront causer la sterilité des terres. 79

CCLXXII. Causes generales du défaut de la force & substance du pastel. ib.

CCLXXIII. Relations avantageuses & frauduleuses, source du défaut du pastel. ib.

CCLXXIV. Le vendeur, l'achepteur, & le public trompez par les relations frauduleuses. 80

CCLXXV. Les relations dans les formes faisoient connoistre la bonté ou le défaut du pastel. ib.

CCLXXVI. Quoy que le pastel soit foible, sa couleur est toûjours des meilleures. ib.

CCLXXVII. Pour restablir le pastel, il est necessaire d'en empescher les fraudes. ib.

CCLXXVIII. Commis & assemblée des plus intelligens de chaque Diocese necessaire pour dresser des Statuts & Reglemens pour le pastel. 81

CCLXXIX. Prud'hommes, Inspecteurs ou Esgards dans chaque Paroisse, & de leurs fonctions. ib.

CCLXXX. Registre tenu par les Inspecteurs ou Esgards. 82

CCLXXXI. Registre de la cocaigne. ib.

CCLXXXII. Registre des essays. ib.

CCLXXXIII. Registre des Maistres peseurs & emballeurs du pastel. ib.

CCLXXXIV. L'interest particulier fait delaisser le bien public sur les lieux. Edits, Arrests & Ordonnances pour la défense de l'employ & du debit de l'indigo estrangere. 83

CCLXXXV. La negligence de la culture & de l'apprest du pastel, a autant contribué au défaut de son debit comme l'indigo. ib.

CCLXXXVI. Commis necessaires, & pourquoy. ib.

CCLXXXVII. Du voüede. Le voüede espece de pastel. 84

CCLXXXVIII. La France fertile & abondante en peuples n'est pas bien cultivée, ny son peuple employé par tout. ib.

CCLXXXIX. La garance peut estre cultivée dans la pluspart des Provinces de France. 85

CCXC. Employ de plus de cinq cent mil livres pour l'achapt de la garance. ib.

CCXCI.   *De la garance.*   ib.

CCXCII.   *Sa culture.*   ib.

CCXCIII.   *Semer en Lune vieille. Doit estre bien purgée des herbes estrangeres.*   ibid.

CCXCIV.   *La premiere garance s'arrache 18. mois apres qu'elle a esté semée pour la premiere fois. Et apres d'année en année pendant 8. ou 10. ans. Terre où la garance & le pastel ont esté recüeillis se rendent plus fertiles en bled.*   86

CCXCV.   *La garanciere se refait avec du plant.*   ib.

CCXCVI.   *La garance apres estre seche est moulüe, est ensachée.*   87

CCXCVII.   *Les personnes, & les terres qui seront propres pour cultiver la garance.*   ib.

CCXCVIII.   *Billon de garance falsifiez, leur achapt & leur employ doit estre défendu.*   ib.

CCXCIX.   *De la gaude.*   88

CCC.   *De la racine, écorce, feüille de noyer & coque de noix.* ib.

CCCI.   *Du vermillon ou graine d'écarlatte & pastel d'écarlatte.*   89

CCCII.   *De l'ancienne pourpre ou écarlatte phenicienne.*   ib.

CCCIII.   *Ecarlatte de France plus belle couleur que l'ancienne pourpre.*   ib.

CCCIV.   *Les taches s'impriment facilement sur la nouvelle écarlatte façon d'Hollande.*   ib.

CCCV.   *Moyens de restablir l'écarlatte de France.*   90

CCCVI.   *De la sarrette & genestrolle, du rodoul & fovic.* ib.

CCCVIII.   *Du tartre ou gravelle, du verdet, de la cendre recuite & de la cendre gravelée.*   ib.

CCCIX.   *La France a encore les mineraux servant à la teinture.* 91

CCCX.   *L'activité du temperament des François, contraire à la découverte & au travail de longue haleine.*   ib.

CCCXI.   *De l'alun qui se trouve en France.*   ib.

CCCXII.   *De la couperose.*   92

CCCXIII.   *Les mineraux ne se tirent jamais bien purs de la mine.* ib.

CCCXIV.   *Moyens pour faire découvrir & travailler aux mines de France.*   ib.

CCCXV.   *De la cassenolle, écorce d'aune, fustel, malherbe & trentanel. De l'orseille.*   ib.

CCCXVI.   *Lorchel ou lursolle des Canaries, mesme chose que l'orseille de France.*   93

CCCVII.   *Conclusion de cette Instruction.*   ib.

FIN DE LA TABLE.